网络文学前沿探索丛书
黄发有 主编

当代文学的转型与新创
—— 互联网时代的文学史观察

吴 俊 著

海峡出版发行集团 | 海峡文艺出版社

图书在版编目(CIP)数据

当代文学的转型与新创:互联网时代的文学史观察/吴俊著.—福州:海峡文艺出版社,2021.1(2021.7重印)
(网络文学前沿探索丛书/黄发有主编)
ISBN 978-7-5550-2536-8

Ⅰ.①当… Ⅱ.①吴… Ⅲ.①中国文学－当代文学－文学研究－文集 Ⅳ.①I206.7－53

中国版本图书馆 CIP 数据核字(2020)第 264109 号

当代文学的转型与新创
—— 互联网时代的文学史观察

吴 俊 著

责任编辑 蓝铃松
编辑助理 张琳琳
出版发行 海峡文艺出版社
经　　销 福建新华发行(集团)有限责任公司
社　　址 福州市东水路 76 号 14 层
发 行 部 0591－87536797
印　　刷 福建新华联合印务集团有限公司
厂　　址 福州市晋安区后屿路 6 号
开　　本 787 毫米×1092 毫米　1/16
字　　数 150 千字
印　　张 10
版　　次 2021 年 1 月第 1 版
印　　次 2021 年 7 月第 2 次印刷
书　　号 ISBN 978-7-5550-2536-8
定　　价 38.00 元

如发现印装质量问题,请寄承印厂调换

总　序

◎黄发有

进入21世纪以来，网络文学的生产与消费快速增长，新媒体的崛起带来了文学发展格局的变化，网络文学成为贯穿电影、电视、网络游戏、图书出版等产业链条的新兴文化现象。值得注意的是，网络文学研究相对滞后：一方面，一些网络文学研究者的文学理念形成了比较稳定的框架，对新生事物的接受较为迟缓，直接挪用长期形成的印刷文学和纯文学研究模式，忽略了网络文学的特殊性；另一方面，目前从事网络文学研究的学术队伍在数量、质量方面都有欠缺，对网络文学的研究还不够深入，对网络文学整体结构的把握较为薄弱。而且，随着网络文学的社会影响的日益增强，研究者应当加强对网络文学发展的正确引导。

作为一个新兴的学术领域，网络文学研究亟待拓展和深化。应该肯定的是，经过一批学人和评论家的辛勤耕耘，这片领地已经渐成气象。从网络文学的概念界定到评价标准讨论，从文学网站考察到网络文学生产机制探究，从网络文学新作评论到网络文学史研究，从网络文学题材类型分析到男频女频解读，从网络文学IP传播研判到网文出海观察，从网络文学历史脉络溯源到未来影响评估，从人工智能技术的运用到数字人文方法的引入……网络文学研究遍地开花，活力四射。

　　网络文学研究不是一块封闭的学术领域，研究者应当具有开放的视野。网络文学作为新生力量正在悄然改变当代文学整体生态，媒介技术革新与文化潮流转换是其生长、发展的时代土壤。同时，汉语网络文学从本土文学传统中不断汲取养料，从外来文化与外来文学中获得启示。在新的文化语境与媒介环境中，研究者不能把网络文学与印刷文学对立起来，不能把网络文学从社会文化潮流中剥离出来，而应该从其与周边世界纵横交错的关系中标识出它在时代坐标中的位置。学术界对于网络文学的描述，简单地贴标签的做法曾经盛行一时，不屑者讥之为"垃圾"，推崇者奉之为新创，两者逻辑如出一辙。在网络文学经历了20余年发展的今天，我们应当具有更大的包容度，研究也应当更加客观，更加理性，平心静气地开掘其丰富性与复杂性。在网络已经深度介入我们的生活的背景下，边缘的网络文学正在逐渐走向主流化，网络文学和所谓的传统文学逐渐融合，和网络完全绝缘的作家与文学新作变得越来越稀罕。在速度为王的时代氛围里，对网络文学的静态分析依然有其合法性，但更应加强的是动态分析，网络文学和不同的文学种类、周边的文化产品处于动态的关系结构中，相互制约、相互影响。

网络文学具有网络性和文学性，具有独特的内部结构与运行机制，作为文化产业中的新贵与商业资本有千丝万缕的联系，作为舆论场中的流量高地具有无法忽视的意识形态功能。因此，网络文学研究不仅仍然需要贴近作品的艺术分析，还需要突破学科壁垒的交叉透视，跨学科的文化研究大有用武之地。近年，一些社会学、新闻传播学、经济学、心理学、人工智能领域的新锐学者对网络文学的研究别出心裁，让我们看到了这个研究对象有可供开掘的巨大空间，这是一座值得我们深入探索的学术富矿。在某种意义上，网络文学对研究者形成了新的挑战，要求研究者更新知识结构，更新研究方法。

出版"网络文学前沿探索丛书"，就是为了及时向学术界推介网络文学研究领域的最新成果，动态呈现具有探索意义的学术轨迹。坦率地说，近年网络文学研究的成果数量激增，多数还是跟踪式的研究，尤其在研究生学位论文方面，低水平重复的现象比较突出，真正具有原创性的成果还不够多。所谓"前沿探索"，不仅要及时关注新进展和新现象，还要有真正的创新和突破，不是浮皮潦草地跑马圈地，而是稳扎稳打地向前推进，能够形成持续的学术积累。另一方面，网络文学研究的学术力量比较分散，交流不够充分。这套丛书的集中展示，有利于增强研究人员之间的协作和沟通，共同为网络文学研究的健康发展奉献力量。这套丛书的作者既有国内的领军学者，也有新锐评论家。如果能够坚持出版的话，希望可以陆续推出更为年轻的新锐学者的著作。网络文学研究要成熟和完善，应当形成一片学术的森林，而不断成长的新生力量是活力和希望的源泉。

是为序。

自　序

我并不专门研究所谓网络文学，但我很关注一般网络文学的问题和现象，甚至，我在对电脑的基本操作还未熟练的时候，在对电脑知识基本无知的时候，就已经几乎是直觉般地意识到了网络技术和网络时代的革命性，并开始了对于网络文学现象的关注和探讨。

第一次较为正式地写作有关网络文学问题的文章，应该是在1999—2000年，文章后来发表在《钟山》。文章写到大约6000字时，因为忘记按下保存键，文稿全部遗失。懊恼之心几乎到了生无可恋的程度。但我告诉自己，深呼吸，别懊丧，不是大事，趁记忆尚在，马上开始重写。于是，我立即开始了回忆重写。进展非常顺利，终于很快完稿。从此，我在心理上适应网络写作，由此开始了网络写作生涯。作为一个害怕机械操作的文科专业写作者，也就是通常说的菜鸟，这是一个战胜心魔的过程。我闯过了这道坎。特别是我把一稿而就的纸媒写作习惯搬到了网上，还体验了网络写作方便修改的好处。

更重要的是我在认知和观念上发生的变化。虽然我最初并未充分认识到互联网新媒体的新文化—新文明意义，主要还是从技术层面认可它的工具价值，但有一点已经很清晰了，即传统经典的核心价值地位将不可避免地趋向消亡，以传统经典为核心价值标准的文学史将发

当代文学的转型与新创

生终结性的改变。这是作为工具文明的互联网新媒体的技术革命后果——技术的革命产生了超越技术范畴的普遍性的文化和文明结果。不管从积极面看，还是从消极面看，有一个事实都很无情又很无奈地出现了：如果传统经典不能主要通过网络传播和再生产意义价值的话，经典核心构成的传统必将无所支撑而衰微。丧失了网络新媒体支撑的有效阅读和传播人口的文化，如同丧失了内容生产的机制和扩大再生产的资源与市场，在网络时代只能被边缘化，最好的命运是靠学院教育的刚性制度维护，或博物馆形式的文化遗产保护，真正社会层面的价值实现就将受到前所未有的限制。这是我的担忧和自怜，我深受传统经典熏陶，眼看着自己的价值标准就要在眼前坍塌了。未来真的开始离我远去，把我留在了历史的遗骸中。

所以，即便受制于具体的技术水平，理论认识上我因受刺激而完成了一个重大转型。网络新媒体开启了一个新文明时代，而非仅是一种工具或文化的新生。网络技术标志着人类生产力水平进入一个前所未有的时代。这显然是一种文明水平的划时代提升，而非仅用工具水平所能衡量的技术性变迁。这种认识主导了我对网络时代、网络文学或者说网络语境中一切文化创造的考察、研究和评估的态度。尤其是我对网络文学的形态和生态有了一种基本的、从宏观上认识与把控的认识论框架和价值论眼光。在一个长时段的历史中，网络技术会是一切问题的引领性主因。利益和价值博弈将由技术因素来决定。换言之，权利归属和意识形态消长的不确定性大大增强了，甚至不可预测。

因此，我的第二个认识转型就是，网络改变的是人际政治关系，也就是权利支配的地位关系。我有过一个形象的比喻，纸媒时代的政治和权利关系，犹如《纸牌屋》里的传统密室政治，既容易被少数人所操控，也方便了强权政治和独裁者的诞生。这种"纸媒阴谋"在网络条件下很可能遭遇滑铁卢的"阳光"。纸媒的集权性会被网络部分地瓦解，网络是来"分权"的。从权利的占有性来讲，网络是纸媒的天然敌人。但是，网络代表了新文明的诞生，纸媒不得不出让自身的权益，否则结局也是一样的。网络开启了一个权利分众化的政治文明时代。我觉得甚至还不能用传统政治的"民主"概念来界定或衡量这种权利分众的政治生态，必须引入一个概念来描述和认识这样一种因媒介变化而产生权利政治变化的状态。我以为就是"博弈"的概念。我不讨论政治，仅就文学而言，网络时代、网络语境中的文学生态，最主要的就是纸媒文学与网络文学的权利博弈①。从此以后，文学的形态和生态，主要分为纸媒和网络两大块。未来的文学经验、审美趣味、生产机制、价值观念等，都取决于这两者的博弈结果。只是因为技术上的问题尚未有效解决，目前的技术水平仍在可预见地发展，这种博弈的结果自然也就无从预测。

有了这些宏观认知后，联系我对世纪之交（本书所提"世纪之交"专指20—21世纪之交）中国社会转型的判断（比如我提出过一个"千年之变"的看法），联系我对新中国文学国家制度刚性特征的探讨（我认为新中国文学就是一种制度性的国家文学），联系我对新时期和改革开放以来中国文学生产机制的研究（如有关"80后"文学代际的文学史标志意义等），我试图将网络文学的研究置于传统文学史的流变、新文明文学史的新创这样一种特定"叠加"的文学生态视野之中，注重的是各种"关系"的时空向度探讨，而不是单向度、线性的描述和判断，更避免冲动的价值定论或立场选边。就网络文学

---

① 参见拙作《文学的权利博弈：国家文学与文学批评》，《当代作家评论》2011年第2期。

迄今的形态和生态的创造而言，我并不排除专业技术分析的有益性甚至必要性，但认为世界观和价值观的更新思考尤在首位。当下的中国正经历百年未有之大变局，首先需要人们建立一种宏大思考的眼光，既回顾历史来路，更需看清未来去程，以现实经验的理性指引，展开脚踏实地的当下研究。我对中国当代文学史料的一系列看法，或许就是上述理论认知的一种自我学术践行。

我近年间的相关文章大多发表在《小说评论》专栏，也有几篇散见于《文艺研究》《文学评论》《中国文学批评》等刊。故交黄发有教授嘱编一册，作为"网络文学前沿探索丛书"之一种，深感荣幸。遂勉力整理若干文字，衷心就教方家，在下实属献芹。

谨自序于庚子年冬月十三沪上闵浦之郊。

目 录

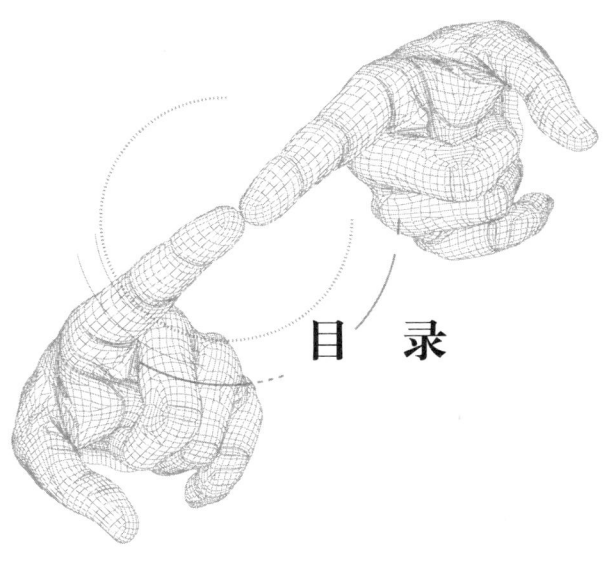

新媒体语境与"文学史的终结"
　　——一种文学批评立场的文学史看法/1
流变与转型：新时期文学到新世纪文学
　　——以《萌芽》"新概念"作文、新媒体文学为中心/16
文学的世纪之交与"80后"的诞生
　　——文学史视野的案例分析/33
"新中国文学70年"的几个文学史问题/62
不确定性中的文学批评之惑
　　——从制度转型和文学生态之变谈起/81
新世纪当代文学批评研究：从史料学转向谈起/92
当代文学史料问题的多维视野考察/106
新中国文学"新人"创造的文学史期待/128

新媒体语境与"文学史的终结"
——一种文学批评立场的文学史看法

引 言

把福山的"历史终结论"或其他类似的"终结论"搬用到文学场域,看似有点危言耸听了。后来的世界似乎也证明了"历史终结"等的虚妄,但这种理论依然提醒我们注意一个已经变得更加严重也更加复杂的全球性社会问题:意识形态的冲突与泛化的利益争夺已经完全纠缠在一起了;或者说,现实的权利冲突和权利争夺不是缓和了,而是更加尖锐化、复杂化,并且还更加表面化了。这在网络世界中已是显而易见的了。那么,对于我们的文学而言,所谓"文学史的终结"又意味着什么?

文学史的终结,一般是指传统的以经典作品为核心(价值标准)构建的文学逻辑的断裂或终止。这个文学逻辑也可以理解为文学史。这种"文学史的终结"是怎样发生的?这就要归因到当下的新媒体语境了。

何谓新媒体语境?简言之就是数字化媒体所形成或主导的文化场域。

参照一般的定义,如果说传统媒体是指报刊、广播、电视等的话,新媒体主要就是指数字化的媒体形态,即以数字技术为基础,以网络为载体,以互动传播为特点,能够涵盖所有人际的信息传播媒介。到目前为止,新媒体主要包括数字报刊、数字广播、手机信息、移动电视、桌面视窗、数字影视、触摸媒体、手机网络等一般网络媒体形态。新媒体依赖数字、网络的技术支持,通过电脑、手机、数字电视机等终端相联结的以互联网为核心的网络渠道,完成信息的传播与服务。所以,一般将新媒体概称为数字化新媒体。

相对于技术层面而言,新媒体的传播与服务功能所体现的文化特点更为重要,更值得各种专业领域的关注和探讨。在技术层面,互联网、数字、移动技术可谓新媒体的支柱,但新媒体的功能体现则主要是在其传播方式和传播内容方面,即时、交互、共享、定向、个性、海量、超文本等为其主要特征。也就是说,新媒体的传播方式和内容都不再是单线或线性流向为主导的了,这将导致对其价值判断和有效利用的多种乃至无限的可能性。在此意义上,新媒体技术带来的是信息内容的无穷变量,包括其中的内容创新。实际上,新媒体形成的就是一种新的技术文化和价值观。

更深一点看,如果新媒体成为人类社会的主要生产工具、文化工具、生活工具等,那么人类社会实际进入的就是一种新媒体的文明时代——以新媒体为生产力水平标志的文明时代。但这个话题现在暂不讨论。

因此,新媒体也可以说是形成了一个区别于传统媒体的文化场域。新媒体语境中已经没有了一般意义上的"受众"概念,所谓"受众/用户创造内容"成为新媒体语境的一大特征。这是与传统媒体语境的一个重大区别。它标志着文化权利构成及其所属的结构性重组或重建。正是在此意义上,"文学史的终结"在不同层面发生了。

一

首先是传统的经典作品的价值地位发生了"位移"。新媒体语境的形成和实现,依赖的是它的技术支持,以及由其技术支持而生产、形成其自身逻辑的特定文化。这意味着传统媒体语境中的经典不再可能独占新媒体语境中的经典价值地位,正统主流的经典历史不再只有唯一的书写方式。换言之，新媒体文学的经典——假如其会诞生经典——需要而且应该由其自身的生产方式来产生，并由其自身的价值观来重新塑造和定义。同样，新媒体的经典主要体现的也必然是其自身语境的文学生产水平及价值观。否则，所谓新媒体文化就无任何实际所指，也无任何实质意义，就谈不上真正具有存在意义的文化创造性。这可以说是一种文学史观的改变。

不过，传统经典的唯一性地位的丧失，并不意味着它的价值地位的完全沦丧。严格地说，传统经典的地位不是被完全取代，而是发生了位移——传统经典的价值地位既非以往的独占，也非可能的消失，而是将在新媒体语境中进行结构性的重建，传统经典的历史也将随着这种重建而部分地延续与流传下去，成为新媒体也即人类社会未来的共同传统。简言之，这种文学价值地位的改变或者说文学史观的改变，并不是一种零和游戏，价值地位发生位移之后，新的结构功能将使我们的文学史继续承传、脉传至未来。

其实，就在不远的过去，传统媒体文化自身的历史就可以对这一变化做出一个相对简明也比较乐观的解释。大约百年前的新文化、新文学运动的主要目标之一，就是要用白话取代文言，这在文学和书写、书面语言的历史上，可谓数百年一遇的革命。当时就有了"白话文学正宗说"。白话正宗一说与其他的文学革命理论差别何在？或者说它的历史合理性与合法性何在？文学的正统并非只有文言文学一脉，白话文学也是中国文学古往今来的正宗嫡传。白话正宗说的"革命智慧"在于，并不完全否定文言文学的正统地位，并非要用白话文学完全取代中国文学的传统历史，而是确立了中国文学的一个新传统，准确地说是挖掘出了中国文学的一个固有传统，即白话文学传统的历史合法性。中国文学不只有文言文学的传统历史，也有白话文学的传统历史，只是历史价值观的偏执，使得白话文学的传统一直被压抑，而文言文学传统的一枝独秀最终桎梏了中国文学的生命力，特别是在西风东渐、世界文学大潮席卷中国文学的历史背景下，文言文学无法担当中国文学复兴的民族文化重任，必须重新激发白话文学的历史生命力，以其为主导，助推中国文学汇入世界文学的发展潮流。正是在这一理论阐释中，白话文学正宗说一方面获得了文学革命的现实引领地位，另一方面也重新定义了文言文学、中国文学的历史观念。我们也可以说，白话文学正宗说使得文言文学的传统价值地位产生了位移，它不再能够独占文学的唯一正统地位了，但它的价值地位并未被完全取代或抹杀，而是在与白话文学的历史博弈和互动影响中，继续在中国新文学历史上延续和拓展自己的生命，但历史已经进入了新文学即白话文学主导的时代，新的文学经典只能是白话文学，这确是无可置疑的了。这也是历史发展进步的一种体现。所以，文学价值地位的位移、变化，并非一定就成悲剧，文化多元的交织生态更是共生共荣的常态。换个角度看，某种价值地位的位移也是对文学革命的一种广义的认同和贡献，新的文学支持因素（比如白话、新媒体）也是传统文学因素（比如文言、传统媒体）能够借以发展自身的一种崭新平台。

在此意义上的"文学史的终结"，指的就是关于文学经典的价值观历史的终结，也可以说就是一种传统文学史观的终结，或者说就是一种传统的文学意识形态的终结。而其前提则是在新媒体语境中文学的生产工具、生产方式和生产力水平等，都发生了巨大的、具有划时代区别性特征的改变。

二

其次，所谓"文学史的终结"将发生和体现在新媒体语境中的文学形态上。

传统媒体语境中的文学形态受制于其文学生产方式、传播方式的线性化特征和规则，一般而言无法获得多维、多向度的支持；而且从创作/生产到阅读/评价的反馈路径来说，有着明显的延时滞后和空间阻隔的双重屏障，文学的生产和传播只能是一种单向的运动。所以其文学形态不能不主要呈静态、定型的特征。新媒体语境则全面破除了传统媒体语境的这种生产机制规限，使得文学形态在其形成过程中能够获得前所未有的解放条件，最大限度地体现出动态、变形（相对稳定）的特征。新媒体的即时、交互、共享、定向、个性、超文本等诸多传统媒体所无法想象、无法企及的革命性功能，都为其语境中诞生的文学形态提供了近于无限的可塑性。新媒体语境中的"作者"就对此提供了前提保障。

如果说新媒体语境已经消除了传统的读者/受众的概念，那就应该可以更准确地说，新媒体的巨大贡献实际上是创造出了"无处不在的作者"。传播（过程）同时也就成为创作（过程）。这势必影响到新媒体文学的形态呈现。在作者方面，"新媒体比传统媒体创造出了更多的作者"中的"作者"并非单指个体性的预设的、确定性的创作者，同时更多指向一种创作的机制，或创作主体的可能性存在。可以确凿无疑地说，新媒体的技术支持平台能够激发出更多的主观创造欲，能够极大地，甚至可说史无前例地提升文学创作的实际可能性，也能够为创作提供更多实践和实现的技术路径支持，而且能够使"作者"经由即时、交互、共享的功能确认自身的存在价值，拆解空间屏障，同时又能够利用诸如超文本功能，抹平时间落差，实现时间上的秒杀。归根到底是新媒体具有了建构"作者共同体"的技术功能和文化功能，在某种程度上，新媒体语境首先就是由这种作者特点、作者关系、作者共同体所构成的。新媒体重组了文学生产关系，最大可能地解放、释放出了文学生产力。而文学的传播过程为这种新的生产关系、生产力提供了可行的也是合法的凭据，甚至文学传播本身就由这种生产关系和生产力因素直接构成。

抽象点说，文学创作、文化创造体现出的是创造主体的强烈主观动机，而不单是创新技术手段的支撑。创新成果不单是技术的产物，更应该视为创新意志、创新欲望的结晶。主体的自觉较之客观实际的结果，往往更能显示出文化创造、社会进步的动力机制作用，显示出人的作用，显示出创新的真正动能所在。新媒体所激发出的创作、创新欲望，引导了创新成果的不断出现。在文学形态上，这种创新成果显然不再是传统媒体所能够规范和解释的了。它们之间的技术条件、动力机制、实现路径都有了根本性的不同。

其实，从纵向的文学史和横向的直观感性角度对照新媒体与传统媒体语境中的文学形态现象，就能分外鲜明地看出两者的巨大不同，以及传统媒体语境对于新媒体文学形态在阐释上的软弱和无奈。百多

当代文学的转型与新创

年前纸媒报刊勃兴之时,中国文学的生态变化及文学形态生长就发生了传统文言文学所无法应对的现实问题。一是商业化带动的文学(类型化)写作时尚渐成潮流,传统的通俗文学也汇入了近代都市读者市场为主的大众文学生产,新的文学样态已经势不可挡地出现了。这意味着社会的历史变迁催生、形成了新的时代文学,而传统文学范畴包括其文体、文学形态的概念及规范都已不再能够解释当下的新文学,这也可以说是新的文学生产机制(纸媒报刊的生产与传播)夺走了传统文言文学历来所占据的价值中心地位,且更重要的是颠覆了传统文学的精英意识、思维方式及其价值观。——我们当下所面对的新媒体文学语境,几乎就像是当年纸媒文学语境勃兴时的再现,只不过当年的"纸媒"在百多年后的今天,终于也成为"传统媒体"了。二是纸媒支持的泛文学性、泛文学化写作的流行,或者说是文学的泛化已经被广泛接受,而传统文言文学显然没能意识到这种时势的必然性和革命性,没能及时产生出应对、顺应、汇通、融合的互动发展变革策略,始于藐视,终于被替。新出现的这些泛文学写作既是对传统(文言)文学观的冲击和挑战,也产生了一系列实际的问题(新文学问题)亟待面对和解决,其中最突出、也是最具理论急迫性的就包括了文学文体、文学形态的命名与概念范畴认识。泛文学写作是否可以视作文学写作?在何种前提下才能将新文学归入(传统)文学的可接受范围?当新文学在巨大的时势潮流支持下全面突破了传统文学的规范之后,是否有必要对之进行新的规范性限制?甚至是否有必要对之进行一些"反动""反革命性"的思考?我们反观新文学史可以发现,新文学革命者在创作与理论的两方面实践中都做得非常自觉和成功,可以说从"五四"前后到良友版《中国新文学大系》的出版,终于全面奠定了新文学的不可撼动的文学经典地位,也开创了新文学的经典历史传统。白话文学完胜了文言文学。当下新媒体语境中也出现了同样的现象和问题,那么传统媒体有能力回应并有效地解释这些新媒体文学问题吗?历史上的纸媒革命动能是否在当下还有生命力?或者说,只能由新媒体主要担当新文学运动中纸媒传播的革命角色吗?

历史的惊人相似处早已昭然若揭。新媒体文学以来最显豁的两条生长路径一如百余年前纸媒文学革命的翻版,即市场利益驱动的类型化写作、全社会个人化的泛文学写作。不同在于，现在凭借新媒体语境诞生的这两种文学生长路径，却已经是纸媒/传统媒体所遭遇的尴尬困境和无情挑战了。上下百余年，纸媒/传统媒体从曾经的革命者换位成了"被革命者"，或"被迫的革命者"。

在类型化写作方面，传统的类型写作实际上已经被新媒体写作所超越。新媒体文学的类型写作不仅细分而且也拓展了传统的类型写作，"细分"是在内部形成了更多的区别，在有限性中制造出更多的丰富性；"拓展"是在外部衍生出新的类型，特别是相互具有亲缘性的类型特征，从而开拓了类型写作的整体格局。但不管是形态数量上还是空间分布上，新媒体文学类型化写作中的这种细分和拓展的特点及趋势，都已经给相应的文学批评造成了困惑，形成了相当明显的理论障碍。如何应对、如何命名、如何对之进行必要的和基本的理论把握，一系列的问题都是当下文学批评面临的严重挑战。所以，类型化写作在新媒体语境中实际上也形成了一种泛类型化的倾向，使得所谓的类型并不容易作为典型类型来把握。这是直接改变了新媒体语境中的文学形态。

至于全社会个人化的泛文学写作现象就更加复杂了。本来在1990年代中后期的纸媒文学复兴时代，文学生态、文学形态的多元化现状就已经形成了批评的困境。比如跨文体写作的概念，用一个权宜性的名称来指称一种文体现象，犹如日后的"80后"被用于指称一代写作者现象，显然是批评在理论上无力无能的表现。新媒体语境的发展和成熟则更进一步地加剧了批评的这种窘况。新媒体对于文学写作和信息传播、内容创新等方面既有的传统媒体壁障的拆解、清除与打破，在极端程度上解放了作者——个人化写作成为全社会的共识，同时势必造成文学写作的极度泛化，泛文学写作即呈汹涌泛滥之势。泛文学写作的强势甚至影响了日常的文学观念和一般价值认识，不仅主要在网络形态的写作中，而且在传统的纸媒文学中也成了理所当然、天经地义的概念或现象，最近的显例就是正热闹着，并被关注、聚焦着的"非虚构"。不管是在实际形态上，还是在文学批评及理论上，所谓非虚构写作都已成为一种需要创作实践验证和理论阐释自洽的"新形态"——既指其文体类型，也是对其创作精神向度的一种内

当代文学的转型与新创

涵期待，否则极易流入尴尬。这并非质疑其写作本身的合法性和正当性，而是指它凸显出了在新媒体崛起、多种媒体交互作用的语境中，（文学的）写作形态渐趋逸出经验常规，或呈现出不可有效掌控的变化态势。但其利弊目前却并不能明确判断。

对此稍作深入分析，"文学"的形象和地位主要由其共识经典的历史地位所塑造，而且"文学"为一切写作提供了无限可能的技术支持，在一定意义上，技术支持又会形成内容支持，这使得"文学"能在所有写作方式中获得特殊的尊崇地位，乃至"文学至上"的写作理念深入社会人心。不仅如此，在教育制度的设计中，"文学教育"又是其中的基础和主要环节之一，人生经验、生命体验、文化成长、社会人格的发展过程，就伴随着"文学"的规定性教育接受，这使得我们面对文学从来无法产生心理自觉的反抗意识和抗拒意志。在我们的观念和社会中，"文学"是有特权的。我们的文化赋予了文学以特权。那么，当这种特权的文学获得了天生就是民主性格的新媒体支持之后，新媒体文学的空间膨胀就几乎不会再有限制了，全社会的个人化写作也同样不再受到限制。极端地说，新媒体技术支持的空间有多大，新媒体语境就有多大，新媒体文学的边界也就在那里。所以，很明显，传统媒体的文学理论不再可能有效、圆满地规范、定义新媒体文学形态了。

一言以蔽之，新媒体语境赋予的文学形态的创新性、可塑性和未来成长性，都在实际的文学经验及直观感知层面，对于传统的文学史延续产生了摧毁和终结的威胁。

三

如果说以上的探讨主要围绕着一些文学价值判断及实际的文学现象问题而进行的话，那么"文学史的终结"在新媒体语境的文学（专业的、美学的）评价和一般社会（市场的）评价中会有更多的直接体现。

我们迄今为止的文学评价标准，包括经验性的把握，主要来自纸媒即传统媒体的文学资源及规范。从文学评价的权利地位来说，文学链的下游注定了只能"臣服"于中上游居高临下的权威。简言之，以作者为主的创作系统（上游）、以出版机构为主的传播系统（中游）、以读者受众为主的接受系统（下游），既构成了文学链的主干，也划定了此一链条环节中由上到下的权利差序地位。如果引入中国当代文学的"政治变量"的话，则这一链条主干也可能会被随时打乱甚至打碎。所谓中国当代文学的"政治变量"，主要是指特定权力介入而形成的文学支配性因素，比如国家、政府机构或以其为背景的文学评奖/评价活动之类，体现意识形态强力导向意志的文学批评舆论，还有借助含有"权威"身份标志的各种关于文学的倾向性要求，以及各种出于功利诉求的文学规训等，凡此种种，都有权力随时"合法地"介入、契入任一文学链产生支配性的影响，并由此决定或改变文学链中各环节的权利地位。中国文学链的既定权力格局状况由来已久，纵向的上下游序列已经成为固定模式，并非仅受到传统媒体的支持，因此政治变量所指向和针对的往往也就是文学链的上中游，只有上中游才拥有最大的文学权利；搞定了文学的上中游，就获得了文学的操作支配权。这样或能理解一点为何"读者来信"等群众和社会的意见经常会产生自下而上的颠覆作用。没有自上而下的权力操作，这种契入文学的"造反"既不可能发生，也没有理由成功。由此也就得到了另一个结论，不管政治变量的影响如何巨大，都不会影响到文学的制度层面的真正改变，即文学链的权利差序在宏观层面不会因此产生实质性变化，改变的只是政治变量带来的具体利益博弈方。文学链的运行其实依然如故，其上游或契入的变量因素仍会对文学传播起到引导乃至支配性的导向作用。

但新媒体语境却在根本上能够改变甚至颠覆传统媒体及其经典文学权利支撑的文学秩序，包括文学链的权利差序地位格局。原因就是我们已经能够想象到的新媒体所提供的技术平台支持和市场地位支持。如果说新媒体技术创造、形成了文学的作者共同体，同时也赋予了传统意义上的读者/受众以作者即内容创造者的地位，由此改变了传统文学链的上下游纵向单线的传播与权利关系格局，那么新媒体的市场支持特征就是将新媒体语境中的文学市场转化、改造成了一种立

当代文学的转型与新创

体多维、互动开放的文学传播场域,产生出了多元、交叉、关联性复杂的利益博弈方,传统媒体的文学传播格局几乎就此发生了完全的转型,而首先是传播的主流形态发生了根本的改变。现在已经能够看到旧世界的秩序和权利正在衰减、消失,新世界的形态正呈成熟向上的生命勃发生长期。此时此刻,新旧世界在文学(审美)意识形态、文学与政治的权利博弈①无疑会越来越激烈,但乐观而言,最后也将会以某种妥协达成新的共识,合流推进新媒体语境主导的文学发展。

  从宏观面看,当下博弈的主要力量无疑就是传统主流权利与依附于新媒体或由新媒体催生出的新兴"文学民主"权利。传统主流权利一是源于传统媒体语境的支持,二是得到了最多的政治权力支持。实际上,在传统媒体语境中,政治权力对于文学的掌控和支配也是最易实现的。所以在中国当代文学的全部历史中,不乏主要受制或支配于政治权力的文学时代,至于受到政治权力支配的文学现象更是不在少数,由此不难梳理出中国当代文学中的国家文学/文艺特征——主要受到国家权力支配。显而易见,真正能够打破这种传统权力统治格局的就是新媒体技术及其所形成的新媒体语境。传统主流权利虽然也能利用新媒体技术,但只有在新媒体语境中孕育、诞生、直接受到新媒体技术支持并与新媒体语境联动的新兴文学才能成为新的文学权利。这种文学权利也就是新媒体语境的构成部分。为什么说依附于新媒体或由新媒体催生的文学才是新兴的"文学民主"权利?就是指这种新兴文学并非源自传统的权利系统,且天生就是传统主流权利的竞争力量,它既不依附于传统媒体语境,也不直接受制于权力意识形态。因此,对于传统的文学集权力量来说,新媒体文学就是一种文学的"民主"力量。从泛政治角度看,作为文学民主力量的新媒体文学必然会受到传统文学权利的警惕和防控,甚至抵制。道理很简单:这是一种应运而生前来"夺权"的力量;二是这种力量的不可控性。比较而言,前者可以通过"谈判"而形成一种妥协、互利、可控的结果,后者却更加可怕和恐怖;对于政治权力而言,不可控因素的存在无疑就

---

  ① 参见拙作《文学的权利博弈:国家文学与文学批评》,《当代作家评论》2011 年第 2 期。

是最大的危机和陷阱。

从另一方面看,已经意识到的、可见的"政治冲突"实际又不是最可怕的。相较于传统权利的压迫,来自新媒体文学的民主权利立场自身的内部挑战或许更具危险性和破坏性,这种危险性和破坏性尤其具有自我瓦解的倾向。新媒体(文学)对于民主权利的强大支持可以说比任何一次社会革命、政权交替、传统媒体变革等都要来得彻底——权利直接赋予了每一个个人。权利的行使几乎没有了任何一种门槛限制。这种彻底的民主权利革命同样也使得民主的天然毛病在新媒体语境中变得异常普遍和严重,除了效率、规范、秩序、道德等问题外,新媒体更加给民粹思潮和民粹情绪与言论的极端释放加注了空前的助推剂,有可能形成新的现实政治危机。观察近年的网络舆情,可以明显发现,在所有重大公共事件和问题上,激烈的民粹表现已经是一种常态了。在国际问题、国家关系上,夹持所谓"爱国主义"的极端民族主义和民粹主义言论近似战争狂热宣言,毫无理性可言;在社会现象、一般日常问题上,将"弱者的蛮横和特权"视作天经地义,不断突破社会道德良知的底线;在学术文化、专业问题上,无视常识、缺乏基本知识准备,一味想当然地粗暴武断的"反智"……凡此种种,都能在新媒体的技术支持下得到无限的放大,成为社会和舆情的冲突焦点。这其实是政治危机的潜在病灶。但新媒体的支持和放大功能显然并非源头和主因,而主要是加剧了动荡"洗牌"的速度、幅度及其复杂性,这种民粹思潮的社会基础和根源究竟何在?

新媒体语境放大和激化的实质是社会内部的自我矛盾与深层问题。新时期以来、改革开放至今,中国社会的进步举世瞩目,尤其是在经济发展方面,从一个落后的大国、穷国,一跃而为当今引领世界发展的经济引擎和最重要、最广大、最具潜力的市场。但是,发展过程中的不平衡以及积累而成的问题,也已渐渐成为影响社会良性发展的阻碍。特别是在新媒体时代,经由新媒体语境的多方发酵,这些问题或已成为更加难以容忍的社会痛点,比如医疗问题、养老问题、教育问题、住房问题、食品安全问题等。我们不知道的只是这些问题最终破坏性爆发的时间。而从一个社会的结构与利益关系来看这些问题的出现及其实质,则必须从根本上消除制度性根源派生出的重大失衡问题，包括贫富分化、官民对立、城乡差别等——中国小康社会建设目标正含有社会良好发展的基本正义诉求。如果放任这种失衡向普遍、持久的趋势发展，则必将成为滋生、酿成民粹主义思潮泛滥的土壤和温床。从诸多历史经验中不难看到，社会内部的权利等级差太大，基本的平等权利问题趋向严重，特权痼弊无法消除，社会强弱之势愈呈悬殊分明，这会使得社会民粹思潮能够更易充分利用或借助（新）媒体的支持，形成一种民主与民粹"合体"的社会语境。目前这种社会语境其实已经成为新媒体时代中的世界性显著现象。所以，现在不是说某个领域、某种议题、某种层面表现出了明显的民粹主义思潮的泛滥，而是在社会整体的表达上出现了一种可称之为"民粹政治正确"的狂欢现象，在某种程度上甚至可以产生操控言论权利、主导舆情趋势、压制异见表达甚而"绑架"国家机器和社会广大权益的社会政治后果。用造成2015年股灾的一个金融术语来形容，就是如同股市资本中的金融杠杆，新媒体语境正成为民粹思潮泛滥的技术杠杆。但是，正如我们经常看到的那样，民粹主义的表现可以为权力的功利动机所用，成为政治动员的一种巨大力量。可一旦它成为撕裂社会的失控能量，从底层反噬权力的驾控，政治的稳定性就会受到撼动。在可比较的也是极度相似的性质和程度上，"文革"中的造反派夺权和红卫兵运动对中国社会与政治秩序的破坏，就是一个前车之鉴。所以，任何一种理性的力量面对民粹主义的泛滥，都必须要有一种谨慎和恐惧，否则很可能形同饮鸩止渴。在此意义上，当今新媒体语境的民主和民粹性格往往难以截然区隔，一方面挑战了传统媒体的规则，另一方面也产生着瓦解自我价值和建设性价值的后果。只是这两方面在某一点上天然地获得了一致，那便是通过对于传统媒体权利的反抗来达到争取和维护自身权利及其正当性与合法性的目的。从这个角度理解新媒体文学在当今文学市场及其评价的地位，就会有一种更加清晰明了的根本性认识——新媒体技术带来的权利分化和重组为文学的"底层革命"创造了条件和契机。新媒体文学在社会层面有文学/文化民粹主义支持；而文学/文化民粹主义则是国家民粹氛围的一种特定表现而已。这对传统的文学权利、文学史书写、文学（史）价值观当然就是一种新的挑战和对抗。

这种对抗在文学的专业层面即美学层面的突出表现，则是传统文学的审美经验及批评框架与技术已经不完全适应新媒体文学的写作实际了。这还不是一个写作实践中的问题，而主要是一个批评理论问题。虽然传统文学至今依然怀有一种经典文学出生的身份自负，而且对于新媒体文学多少还有一种隐隐的不便完全公开的美学歧视，但在商业市场和社会评价方面，新媒体文学已然做土豪许多年了，虽然自觉暴发户和文学市场的新宠还有点缺乏涵养，但自立门户的江湖地位应该已经完全确立。新媒体文学不再是传统文学的跟班，它的技术支持即其文学载体早已是人类社会发展的标志，其内容创造没有理由一直处在自卑的阴影中。所以，新媒体文学的美学经验和审美标准一定会建立，而且，新媒体文学的美学标准一定是以传统文学的不得不妥协为前提，或者，新媒体文学将主导新的文学审美标准的重建。此时此刻，就是两种文学的博弈时代。

当然，这只是一种简便的分析和表述方式，为了突出需要阐释的核心问题，并无意将"两种"文学又划分成二元对立的两方。事实上，新媒体的出现并不可能将文学划分成截然不同或对立的两方，而只是因为技术支持条件和传播方式等的巨大差异，导致和生成了文学观念与形态内容的种种差异特性，这才有可能将文学的新质视作一种新的文学形态或其雏形。在纸媒的历史上，这种雏形多少次引导出了真正的文学革命。

四

那么，在这堪称文学的千年之变时代，文学批评何以自处、何以作为呢？如上所述，传统文学与新媒体文学的博弈，主要将对文学批评理论构成挑战，而非专门为难实际创作。情况正相反，正是因为新媒体的实际创作由此释放了巨大的文学社会生产力，逼使传统文学史终结，才使得迄今主要依赖传统文学资源的文学批评陷入窘境，同时新媒体语境支持的文学批评理论看来也还尚未成熟，甚至无所作为。这就是我们现在面临的尴尬和困难。从前述的类型化及泛类型形态的文学现象、跨文体及泛文学写作的命名困难、传统的文学等级及精英观念与社会化个人性写作的冲突等，都已经能够看到文学批评在新媒体语境中表现出的理论挣扎。就文学场域中的权力关系而言，文学批评的传统地位已经崩塌，批评家的权威也已遭瓦解。此前的一二十年间，针对文学批评的批评有过"缺位""失语"，或理论的"空转"等，但现在看来，那时的说法还是有点过虑，像是无病呻吟了。相比之下，过往的所谓"缺位""失语""空转"等，指的实际应是一种文学批评的精神状态，是批评主体的懒惰或封闭意识，这种状态源自社会外在条件的约束和压迫——文学批评（家）看不到社会文化利益重新分配中有关自身的利好，造成批评主体的精神萎靡和行动消极，而并非批评本身的资源和能量的耗尽。待到新媒体席卷天下已成蔚然之势的现在，新的问题已然发生，文学批评惊觉传统资源已然不敷所用，即便是再深厚的历史资源积累，也无法从中检出可用的武器。从俗所说，文学的当下活法变了，古典或传统的经验和标准终于不再崇高或重要了。同时，专业批评和批评家的存在价值也无形中遭到了质疑：手上已经没有了批评的武器，理论自信何以建立？又无法有机融入新媒体语境中的文学生态，文学批评的有效性何在？加之汹涌的文学民粹主义声音已盖过了任何一种专业理论企图，后者只被视为不合时宜的理性遗留物。现在谁还说"经典"呢？还是有人说的，甚至要在21世纪文学中寻找并确立中国文学的经典。但这种经典显见绝非学术意义上的经典了，只能作修辞意义使用。这样说当然是站在传统学术的立场上，但事实是"经典"已经泛滥，传统的阐释系统已经崩溃。文学批评无从作为，根本上是文学批评无法构成有意义的文学生产关系，也无法成为文学生产力或促进文学生产力的释放与提升。在文学意义上，新媒体语境的语义都是某种修辞的功能体现。

在政治层面，国家权利与社会个人权利的博弈，可以依赖法律来规范、约束和保障。但在文学层面，如果文学批评已经走向末路，那便只能是无政府主义的文学社会了。所以，"文学史的终结"首先体现的是文学批评的终结。在讨论文学史终结的一系列现象中，涉及的根本问题无不与文学批评的终结现象相关联。理论意义上的文学史，首先应该是由文学批评来书写和完成的。如果文学批评还有期待的可能，或者，文学批评的"有效性"——它的文学价值还有可能实现，那需要它在新媒体语境中浴火重生。

流变与转型：新时期文学到新世纪文学
——以《萌芽》"新概念"作文、新媒体文学为中心①

小 引

笔者主要想通过案例分析、以案例为中心的方法来提纲挈领地讨论这个话题，即中国当代文学的流变与转型，或狭义的新时期以来的文学演变。话题覆盖面其实很大，一般只能就宏观面讨论，不太容易深入，但也希望能够一叶知秋，管中窥豹。

先要稍微解释一下新时期文学的时限概念。有人认为1980年代的结束，也就意味着新时期文学的结束，以后就变成"后新时期"等；也有人认为新时期文学一直到20世纪末才结束；有的人分得更细，在1990年代内做细分文章；还有人认为新时期文学到邓小平南方谈话公布前后结束。可见歧见纷呈。在笔者看来，这个问题也不必太固执成见，否则就显得有点拘谨了。有一点或许较有共识，少有人会认为新世纪（本书所提"新世纪"专指21世纪）的当下也属于新时期文学吧，姑且不论"新时代"之说，可见新时期文学已经结束是可以确定了的。同时，基本有共识的是，1980年代显然归属于新时期

---

① 本文为讲座录音整理稿，未及一一注释，只是整理时润色贯通了行文逻辑，多少也删弱、调整了讲演痕迹。本文原载《小说评论》2019年第1期"吴俊专栏·话说新世纪文学"，发表时题为《新时期文学到新世纪文学的流变与转型——以〈萌芽〉"新概念"作文、新媒体文学为中心》。

文学的范畴。这也就意味着，1980年代是个相对有共识的文学史概念，1990年代则充满了文学史或学术上的更多不确定性。至于所谓新世纪文学就更像是一个修辞性的说法了，很难认可它就是一个文学史概念。不过，持相反观点的人也不少，只要参阅一些有关新世纪文学问题讨论的文献，就能看出不同观点的立场。笔者一般不把新世纪文学当作文学史的概念，只把它当作一个文学批评的时间概念。这也算是对论题的一点解释。

接着要说明的是，笔者讨论新时期文学到新世纪文学的流变与转型的实际对象——核心就是主要诞生于新概念作文大赛的"80后"文学/作家现象和互联网新媒体文学，讨论它们的文学史意义及地位。笔者想从文学史意义上谈案例或对现象进行分析，同时也用案例来讨论文学史话题。

新媒体时代前夜的文学

新媒体时代前夜的文学指的就是世纪之交（本书所提"世纪之交"专指20—21世纪之交）的文学，或者指的是1990年代开始的文学。从1990年代，我们已经可以看出新时期文学的衰微趋势了，由此也就凸显出了新概念作文大赛和"80后"诞生的意义。

引用陈思和教授的一个概念，文学时代的共名无名概念。1980年代可称是文学的共名时代，1990年代以后则为无名时代，后者没有主流性的、潮流性的文学史现象。1990年代的文学是一个主流现象被消解的时代，是一个文学流散化的时代，这与1980年代的文学现象形成巨大且明显的差异性对照。也就在这样一个情况下，新概念作文大赛出现了，其中更是诞生了一代"80后"作家。

当代文学的转型与新创

1992年,邓小平到南方视察,发表了重要谈话,[①] 谈话的核心就是要继续深入推进改革开放。这在经历了80—90年代之交的时势,无疑释放出了巨大能量,直接回应了中国往何处去的现实问题。直到现在,改革开放仍是我们当下的发展主流。习近平总书记近年也说过,要把中国的改革开放事业继续深入地推进下去。可见,从新时期到现在,改革开放仍然是当代中国坚持的一个国家发展主流方向。邓小平的南方谈话也引领中国进入了一个改革开放发展的加速期。最重要的是,中国社会全面进入一个以经济建设为中心的发展轨道。这也就产生了各种根本性的变化。

比如在经济领域搁置了有关"主义""道路"的争论等,这跟我们文学没啥直接关系,就不讨论了。但有的就与文学有直接关系。因为全社会进入一个商业市场轨道,文学领域、文化领域、教育领域,还有出版等领域,就开始陷入转型期的瓶颈或低谷了。从1950年代到1990年代初,这些领域都在计划经济直接支配下运作,主要依赖政府财政;而且,几乎是投入为多,经济产出或回报很少,甚至没有。现在失去了计划经济体制的靠山,这些领域的生存立即成为问题。比如出版社出版的书,总是要卖的,往哪里卖?全中国只有一个渠道,新华书店。计划经济体制下的书籍生产,大量的图书是没有什么市场概念的。没有市场概念意味着什么?就是有社会需求的书往往供应不足,而没有读者的书却有可能堆积如山。这在市场经济条件下,导致的结果就是出版社无法经营再生产,新华书店也萧条到难以为继。反馈到作者,如果作者要出书,即便是很有价值的学术著作,没有作者方提供出版资助,恐怕难有出版社接受出版。很明显,生产、流通、读者需求等链环是严重脱节的。

文学刊物的境遇更悲惨,很多刊物的结局就像当时的国企改制,免不了"关停并转"。比如,上海有一个很有名的刊物叫《上海文

[①] 1992年1月18日—2月21日,邓小平先后赴武昌、深圳、珠海和上海视察,沿途发表了重要谈话,史称邓小平视察南方谈话。3月26日,《深圳特区报》率先刊发了《东方风来满眼春——邓小平同志在深圳纪实》的社论报道,阐述了邓小平南方谈话要点内容。南方谈话强调加快改革,由此标志着中国改革进入新阶段。

论》（现在叫《上海文化》），当代文学史上或许要浓墨重彩书写的"重写文学史"潮流，就是在1988年从《上海文论》上发起的。这是一家很有地位和贡献的文学文化刊物，由上海市作家协会和上海社会科学院文学所联办，但到了1990年代，这刊物也办不下去了，因为没钱，当然也甚少有人读了。于是只能停刊了。有一段时间该刊物被其他资本收购，等于是改刊出版，不知转过多少次手，有几期它变成了汽车广告刊物。上海尚且如此，这就可见时势主流了。从媒体角度看，这也堪称纸媒文化、纸媒时代的末路景象吧。这个过程大概持续了五六年，是非常痛苦的一个低谷徘徊阶段。

就在这样一种文学、出版、教育（如大学有过"破墙开店"的风波）等文化领域全面进入颓势或瓶颈的时期，《萌芽》新概念作文大赛应运而生，可谓是绝处逢生的孤例个案，然而其影响却无与伦比，足以载诸史册。

《萌芽》新概念作文大赛是低谷时期的文学放低自家身段而从社会文化基层突围自救求生的一个成功策略。当时文学遭遇困境是显而易见的，但几乎没有人认为这是传统纸媒所遭遇的整体性问题。1997年，最早的一个标榜文学原创的网站——榕树下出现了。那个时候的榕树下网站或许还没有一种商业盈利的能力，同时也没有主流文学的号召力和影响力，传统文学界并没有想到要从互联网上寻求文学的转型或中兴。纸媒仍是文学的唯一关注。但是，在传统媒体衰微的同时，毕竟新的电子媒体，也就是新媒体，开始出现了，这种媒体技术层面的交替实在是意味深长，哪怕当时并没有人对这样一种新媒体文学的未来有足够的预见性。

1990年代其实还是一个纸媒的时代。为了自身的生存和发展，各种副刊文学、商业化写作、快餐式作品渐成气候，同时，所谓都市报也大量诞生了。在这之前，中国的都市报（或称市民小报）可能只有一份上海的《新民晚报》。连北京的文化界、知识界，包括中国作家协会的领导们，每天都要看隔日到京的上海《新民晚报》（因为北京没有都市报，全是党报。且那时还没有快递业，中国邮政将当天的《新民晚报》邮寄到北京，订阅者只能次日收件）。既然1990年代的媒体这么衰败了，又需要自负盈亏，主流的严肃的文学走投无路，要

当代文学的转型与新创

活就得出消费性的副刊之类。严肃高尚一点的,就要算学者散文,或称文化散文,多数也是在副刊上发表的小品。相对而言,1990年代留下来的纸媒写作,凭借创作文化散文名声大振的作家就是余秋雨,他的《文化苦旅》等作品席卷性地影响了整个社会。

　　在这样一种情况下,诞生于新概念作文大赛的"80后"从1990年代末脱颖而出以后,成为1990年代纸媒写作的一种新文学形象,经由网络平台的及时重塑,终于奠定其在世纪之交文学写作的地位。由这"80后"的诞生,我们其实已经看到了网络新媒体对于新世纪文学的建构和塑造作用。这个话题稍后继续谈。1999年举办首届《萌芽》新概念作文大赛,这个时间点正好是20世纪末,它的具体背景是1990年代中期的文学低迷形势。当时有一个全国性的话题,就是对中学语文教育的讨论,也可以说,对于中学语文教育的抨击舆论产生了全国性的影响。类似话题直到现在都持续存在。中学语文教育总是成为全社会聚焦的话题,连鲁迅作品在中学教材里的数量变化,也会成为一个事件。当时大学老师和文学作家也介入中学语文教育的讨论,语文教育和文学教育成为一个关联性的话题。《萌芽》是上海市作家协会创办的刊物,主要面向年轻的文学爱好者,与《收获》有着文学层次、作者年龄及文学成熟度的区分。为了将这本刊物继续办下去,萌芽杂志社的领导在危难之际,联合了中学语文教育研究者、大学老师和作家三方,形成了一个新的策划,就是举办新概念作文大赛。这个大赛有两点决定了它的初衷及成功:一是对于创新思维写作的鼓励和推崇;二是仅称作文而非文学,它不叫新概念文学大赛,也不叫新概念写作大赛,它用的是新概念"作文"大赛,这就与中小学基础教育里面语文范畴的写作直接相关了。也就是说,它的对象主要是中小学师生和年轻写作者。此时此刻,文学已经不再可靠了。但让人始料未及的是,这种低身段却高调地催生出了韩寒、郭敬明一辈新概念的获奖者,大概有二三十个著名的"80后"新概念作文大赛的获奖者,在全国范围内一举成名,后来成为真正意义上的文学作家。因为它每年举办一次,所以开始的若干年每年都诞生出了青少年写作的明星。可以说,这是一个连续性生产文学明星的平台和机制。恰与传统文学的低迷形成反照,大家突然发现这帮年轻人写的作品才是符合社会心理情绪期待的好作品。如果统计一下"80后"成名作家的文学出身，你就可以知道其中最为著名的"80后"，大多参加过新概念作文大赛。

以上主要想说明的是，从政治背景到技术背景，到文学内部格局和力量的演变，可以看出，世纪之交既是一个传统文学、纸媒文学衰弱的过程，又是一个凭借新媒体诞生新的文学样态的历史阶段。从媒体媒介的视野看，或者从文学生产机制看，这也是一个文学史的转型过程。"80后"的"纸媒诞生"与"网络重塑"，典型地代表了新的文学史转型及其现实的文学新生态。

互联网/新媒体（文学）意味着什么

进入新世纪以后，笔记本电脑开始在社会上普及。1990年代大量使用的电脑还是笨拙的台式机。新世纪初的2003、2004年，网络空间流行一个叫博客的虚拟平台。博客的一般概念是网络日志，就是博主在虚拟平台上有一个完全个人的表达空间、表达平台——你的言论你做主，而且它可以与社会产生即时性互动。那时很有名的是新浪博客，新浪邀请名人开设博客，抬升新媒体的人气。而名人则利用电子媒体给他提供的平台，增加自己的偶像、明星和人设魅力，双方互动互利。所以很多名人包括作家都开设了博客，连商人也不甘落后，甚至较娱乐明星还有过之而无不及。比如那时很有名的一个房地产老板潘石屹，他的博客就很有名，是真正的名人博客。那时最有名的名人博客，是演员徐静蕾的"老徐的博客"，曾经创下了1000万点击量的划时代纪录，成为一个大新闻。后来，1000万的点击量根本就不是一个大数字了。这个时代十年不到，已经发生了天翻地覆的变化。从博客这个现象，必然想到一个结论：网络空间已经成为个体的自由表达空间了，而且它是一个即便最没有权力的个体也可以与社会有直接交流互动的权利的专属平台。这就把原来社会中的人际权力结构关系彻底打破了。这是新媒体的一个非常重要的重新分配权力的功能。回过头来就会看到，"80后"最早在1999年诞生于纸媒，因为纸媒时代

当代文学的转型与新创

的主流文学已经衰落了。"80后"是用青春写作的方式成为纸媒出身的最后一代文学作家。稍过几年,网络时代来了,"80后"又最早通过网络平台重塑形象,终于奠定、确立了在文学江湖和一般社会中的牢固地位,在文学史上也牢固地确立了历史形象及地位。由此才出现了对于"70后""60后"乃至"50后""40后"的追认,也出现了"90后""00后"的沿袭称呼。但其实只有"80后"才是独一无二的。

历史的书写已经进入了互联网新媒体时代。我们又该怎么来理解互联网新媒体呢?多年前笔者就曾撰文提出应该在文明意义上来理解、认知和评价互联网新媒体的划时代意义。一般来说,我们理解新媒体都是从工具技术层面来着眼的。从技术着眼,始于技术,终于技术。但新媒体技术显然已经超越了技术范畴。它并不止于技术,甚至绝不止于人类现有的技术边界。我们从经典理论出发,从马克思恩格斯的历史唯物主义观点来看,生产力决定生产关系,生产力水平的标志就是人类的主要生产工具,这个生产工具的水平代表了一个社会在特定时代的生产力发达的程度。你会发现,在我们的时代,互联网新媒体的技术已经成为全社会几乎所有方面的主要使用工具,包括生产工具、社交工具、文化生活工具,还有日常生活工具,而不仅局限于通信工具。当互联网新媒体已经成为一个时代全社会各行各业的主要工具时,它显然就是这个社会所处或发展阶段的主要技术标志,即生产力水平标志了。也就是说,开始时还只是单纯技术意义上、具有工具价值的互联网新媒体,现在已经拥有了这个时代的文明标志地位,已经拥有能够代表时代生产力水平的工具文明身份了。换言之,互联网新媒体的技术功能也能够揭示或呈现一个社会的文明状态——其中自然也就包括新媒体文学。所以,不要再把互联网技术只看作叫外卖、拼团之类的手段,它其实不仅改变了我们的生活,而且正在重新创造我们的生活,赋予我们的生活新的样态、新的方式、新的观念、新的未来。这就是文明的概念及其意义。由此它就可以成为重建新制度新社会的重要力量。

对文学来说,互联网这个工具文明的功能主要体现在哪里?互联网新媒体已经做到了能够史无前例地把文学的生产力最大限度地解放出来。这在纸媒时代是完全不可想象的。从媒介传播的角度看,纸媒时代的文学写作仍然只是社会中少数人的专属权利、职业权利、文化权利,整个文学生产机制也更像是"密室政治的权利交易"。比如,一个刊物刊发的作品往往是由几个编辑决定的,甚至大多数是由主编一人决定的。还有,要想获得社会认可的作家身份,你还得加入作家协会,其中也是有规定的专业门槛的。凡此种种,都保障也限制了只有少数人才能享有文学的权利。这也就能理解,文学写作的社会生产力一向是被压抑着的,它是沉睡着的。互联网新媒体把这一切力量都唤醒了,都解放出来了,它催生、创造出了一个社会、文学的世界。前面说到的新概念作文大赛,只是用纸媒释放出了校园里的青春写作的文学生产力,还没有触动整个社会的文学写作生产力的解放。从文学生产角度来说,只有互联网是覆盖全社会的,对每一个人来说都是无差别、可以使用的一种权利,所以能够最广泛地解放整个社会的文学写作的生产力,使得纸媒的文学世界在权力格局的变化当中,一下子显得黯然失色。你会看到,当纸媒文学感叹文学失落的时候,互联网新媒体文学正在欣欣向荣生长着,哪有失落感!而且,自新世纪初起,凡是在互联网上出名的被关注的作品,几乎都完成了纸媒的二度出版。从 IP 业态、全媒体出版来看,网络原创作品更是全面覆盖了各领域的文化再生产市场。反过来看纸媒上的成名作品,却未必能在互联网上获得追捧。当然,这只是做一个简单对比。要说网上垃圾多,还是纸上垃圾多,很难进行数量对比。现在人们往往说互联网上产生很多垃圾,这说法不可靠。为什么呢?你能提供数据支持吗?其次,互联网上的垃圾最有可能没有纸上的垃圾多。纸上写作一千多年,现代印刷品也有几百年了,其中产生的垃圾有多少?网上写作不过十几二十年,网络文学兴盛也仅十来年而已。最重要的是,纸上产生的垃圾是存在于我们这个社会的实实在在的物质垃圾,因为它是印出来的纸质垃圾。而网上的垃圾存在于虚拟空间,它没有给我们带来实际的生存性污染威胁,没有垃圾回收这个环保问题,所以纸上和网上的所谓"垃圾",对于人类社会的实际影响完全不同。我们不能用垃圾论来讨论网络文学,那是站不住脚的。其实对于文学质量的评价,特别是对于网络文学的评价,目前更多还只是讨论现象,难做优劣褒贬的判断。但有一点必须明白，互联网大大解放了文学生产力，在生产力解放的意义上，互联网的进步性显然大大超过了纸媒。一个社会要进步，一个行业要进步，一个国家要进步，必须靠解放生产力来驱动，没有生产力的解放，这个社会一定会停滞。就此而言，互联网技术对于我们的文化生产，从主流面上看，它当然是起进步推动作用的。

那么，互联网新媒体文学是什么？简单释义一下，是指凭借互联网平台及其技术产品支持而形成的文学作品形态及广义的文学生态。这句话首先肯定互联网新媒体文学是在互联网上发布的，不是在纸媒上传播的。第二，它是跟互联网的技术及其产品有直接关系的。互联网技术涉及面较广，但是互联网的技术产品还是有限的。比如平板电脑、手机、Kindle电子阅读器之类，甚至并不直接跟互联网连接。这些技术和产品支持、影响甚至决定了文学作品发表的形态，在纸上发表的作品和在互联网平台上发表的作品，一般是明显两样的，发表平台会决定作品的形态以及整个文学样态、生态的分布。人们在谈这个问题的时候，往往会说：平台技术只是一个载体而已，它跟文学作品的性质、文学作品的好坏没有关系，文学作品有其特定的价值内涵和标准。这样的认识违反常识。在互联网时代，你的作品不发表在互联网上，你可以发表在纸媒上，这个话题还有点直接的讨论障碍要克服，说起来有点费事。在没有互联网没有电子媒介，只有纸媒的时候，试问没有了纸你的作品何以存在呢？作品同样存在，但内涵和标准一定会和纸媒文学不同。试想，回到古代、回到绢帛时代，长篇小说会是何种文体呢？更简单一点，古体格律诗和新体自由诗一定存在于不同的文学经验和审美价值观范畴内。从这些基本现象不难得出一个简单的结论：媒介对文学的文体样态、一般生态，对文学的审美观、价值观，对我们的审美活动，有着支配性、决定性的作用和意义。直截了当地说，媒介媒体对于整个文学生产机制和系统，都有决定性的意义。由此我们必须理解互联网新媒体文学的功能、影响及后果。——这些一定会推动文学史意义上的改变。

转型：新媒体的功能如何重构文学价值观

既然这样，那就来看看互联网新媒体如何重构了文学，重构了文学的价值观。有了互联网新媒体以后，它就发挥了一种在政治层面、社会层面、生活层面改变制度、改变权利、改变观念的颠覆性作用，最弱势的个体可能成为最强势权利的抗衡者，甚至政府都有被颠覆的可能。这个我们不做详细讨论。我们讨论文学，发现作家身份地位因此改变。作家协会会员原来是成为作家的身份标记，或者，你经常在纸媒上发表作品，也被认作是作家。现在不同了，我可以不当作家协会会员，我也可以不在纸媒上发表作品，但是我写的东西在网上发布了，我的读者、我的点击率比你纸媒上的作家还要多，我名气比你还大，我的市场价格比你更是高得多。我就是网络作家，哪怕你蔑称我是网络写手。"80后"作家成名以后多年无缘加入中国作家协会及各级地方作家协会，但是他的名气全社会都知道。谁不知道韩寒、郭敬明，而且也都知道他们赚的钱更多。这类例子说明了互联网时代的网络写作者不需要依赖传统的纸媒文学生产方式，同样能获得作家的实际身份，换言之，作家的身份不再具有文化特权的光环。1980年代，一个披头散发的男生跑到校园里去，只要跟人家说"我是作家""我是诗人"，大概率就会有不少女孩子喜欢他。这说明那个时候的社会价值观赋予作家、诗人和文学一种特殊的文化资本权利。现在就会是一个笑话了吧。

作家的资格、形象变了，更早变的还有作品形式和样态。纸媒作品一般可以想象，是趋向于静态、孤立、审美延时（滞后）的文本。互联网是动态、互动、即时关联的系统，同时它对于人的身体物理考验要比纸媒严格。后一句话是指互联网对人的身体器官包括眼睛、颈椎等的影响。这就直接影响且决定了互联网新媒体文学的具体文体形态和行文格式，文学技巧也会因此改变和新创。纸媒文学趋向于静态的美学因素会在互联网作品中基本消失，后者更多注重于作品的动态表达，更多强调行文表达的简洁性、直接性，强调情节推进的速度感、动作性、变化性。传统纸媒文学中的静物、风景、心理描写等，在互联网新媒体文学中明显被边缘化了。简言之，互联网的立体多向度性完全不同于纸媒的线性表达逻辑。这不仅是具体技术的变化，实质就是审美观、价值观的变化。很多传统审美观念不再普遍适用了，比如以景写情、情景交融之类。景都少有了，还怎么以景写情、情景交融？这就触及文学价值观的问题了。当互联网写作导致传统的审美手段发生变化，以至于某些审美标准被文学实际所淘汰，就说明在互联网时代我们必须重新认识和确立文学的基本价值观问题了。也就是好作品或坏作品的判断，在互联网时代要有新的依据了，其实这倒是文学史的常态。犹如文言文不写了，写白话文了，关于文学的价值标准一定会发生变化。作品形态的改变，最终导致文学价值观的改变。这也算是常识。

传播方式的改变就更明显了，网络传播足以秒杀传统纸媒文学。不仅是传播的即时性，交互性的革命性更为彻底。网络的交互性意味着它瓦解了传统的作者和读者的区分概念，所有的人都可以成为作者，同时也是读者。互联网时代已经没有了传统文学的作者或读者，只有受众，这是前几年就有了的概念。互联网的文学生产在理论上可以覆盖一切传播环节和过程。传统的文学传播核心概念、过程、手段等，在互联网的文学生产机制里面，必然要被改变，或者被取消。现在讨论互联网新媒体文学问题，经常需要首先对传统文学研究者进行网络技术的启蒙，否则完全没法对话。相对应的是，网络写作者或研究者则又常带着传统纸媒权力式的自信与蛮横，宣称"必有一款合适你"，以为互联网的权力和功能可以像以前纸媒独霸天下一样，这就非常不明智了。其实互联网的写作到现在为止仍然有它的明显局限性，最明显的就是它还没有脱出技术形态的幼稚、不成熟和整体不确定性的产品水准阶段。现在我们不做具体讨论，笔者想强调的是，传播方式的改变一定会带来文学的固有价值观的改变。

至于文学市场的改变现在也已经基本成型了。IP产业链已经稳定超越了纸媒生产市场，并且形成了自己的商业规则及定价权地位。其网络传播完全可以不依赖纸媒获得市场份额。只是因为纸媒市场仍然有利润存在，所以网络跟纸媒的市场在它是同时并存的。对文学来说，纸媒就是传播的传统渠道载体，而现在的文学市场是在网络虚拟空间里面构成了一个独立的商品市场。为什么现在实体店都活不下去，因为竞争不过网店，这正好映衬了文学的网络市场跟传统线下门店市场的区别。

发生变化的绝不止于此，细分的话还可以列举出更多，笔者只是从文学生产机制上把主要的几个方面罗列出来。实际上要说明的是文学标准、文学生产方式的系统性、整体性的改变已经发生，并正在成为一种普遍的现实。这也就是我们现在面临的挑战。这个挑战对于我们当下文学社会来说，呈现出来的就是一种权利博弈①的状态。

博弈：经典传统的终结与新媒体时代的文学生态

前面提到的网店、微店或实体店，现在还谁也吃不了谁。你以为网店很厉害，但是某一天晚上你突然急要一样东西时，就没有网店能救你了，只有隔壁的便利店能救你，这就是供求关系的博弈现实。社会转型时期尤其需要超越近期功利的理性博弈眼光，需要社会的发展管理规范。虚拟空间的生活与现实社会的生活之间，最重要的区别是什么？网络当然提供了巨大的生活便利，但同时也使得人与人的实际交往被切断了。抽象地说，这就是一种矛盾甚至是困境。个人与社会、实际的生活现实之间的关联度和紧密度，在网络时代是一个矛盾体。网络新技术提供了越来越多的人与现实发生联系的媒介方式，个体之间即便毫不相干，也能在网上说得热乎，一辈子不见面，这好像增加了人际关系的沟通性，技术手段使我们与现实的关系变得更紧密、更多元了。但从另外一个角度看，人与现实的沟通技术手段越多，同时意味着你与现实的隔绝屏障也越多。你必须通过越来越多的技术手段才能跟现实发生关系，人的路径依赖也会越来越强烈。从这个意义上说，媒介越多，中介越多，路径越多，人被隔绝的程度也越

---

① 参见拙作《文学的权利博弈：国家文学与文学批评》，《当代作家评论》2011年第2期。

当代文学的转型与新创

严重。这就是网络生活给我们当下人际社会带来的一个重大问题。你一个星期不出门,甚至一个月不出门,你可以切断和所有人的实际联系,上门来给你送外卖的快递小哥,跟你没有任何关系,放下东西走人,你懒得开门,就说放门口,他跟你照面不打就走了。所以,看上去你跟这个社会有着无穷无尽的交往,其实你交往的都是没有任何精神含义的功利对象,只是功能单一的技术性生存交往。这是网络时代对人类社会发起的日常生活面的腐蚀性挑战。我们过得很舒服,其实是温水煮青蛙,我们就沉沦其中。但我们不会因此抛弃网络,这就带来了一个理性博弈的问题。

本文刚开始分析的是网络的生态,对于网络文学生态,尽量不做价值评判,有些价值评判还是注重互联网新媒体的正面功能。但是全方位考察网络新媒体对于我们的文学生活、精神生活、日常生活的影响,也会发现网络媒体对于我们人的生活和社会关系的巨大精神伤害。此时此刻,我们面临的是复杂的博弈现实。从文学角度来说,经典传统的危机与新媒体文学的霸权,就是两者博弈现实的主要动因。文学经典主导的传统遭遇危机甚至趋于终结,基本原因可以归咎于经典文学在网络上的传播障碍,同时也削弱、阻碍了经典文学传统的再生产。悲观地说,文学经典主导的历史传统在网络时代必然会趋于衰微,这是一件没有办法的事情。经典的生命,必须要换一种融合新媒体的生存传播方式或形态,它才有可能延续。新媒体的生活已经开始远远压倒了传统的生活方式。我们的阅读生活方式也已经主要转到了网上;传统经典阅读已经被逐渐抛弃或边缘化了。就功能而言,传统阅读相对单纯,主要指向知识和精神层面,或也包括了娱乐;网络阅读的功能则是全方位的,不仅能满足娱乐、知识和精神需求,而且还能满足广泛的日常生活方式需求,甚至包括商业经济需求。我们必须面对这一现实。

在文学的生产资源上,网络世界改变了基本的资源价值内涵。基于新文明、异时空想象的文学生产是近年文学中的崭新流向。比如从玄幻类型到刘慈欣的"硬科幻"等,这样一种趋向异时空、新文明想象的技术型写作,已经成为网络时代最突出的文学景观之一。再就是青年(亚)文化生产了。什么是主流文学?世纪之交我们看"80

后",你说"80后"文学是主流文学吗?显然不是。网络时代的网络文学是主流文学吗?好像也没有人说是。但是不要搞错了,最有消费力、最有效的文学阅读人口,恰恰是青少年。如何区分主流文学和非主流文学或者说亚文化现象?以为传统纸媒文学还是主流文学的话,是否不合我们这个时代的经验常识?报纸能代表社会主流的声音吗?现在还有多少人在阅读报纸?文学阅读中的大量有效人口,包括粉丝现象,都是青少年文化中的人群特征。就此现象而言,青少年文化本身就构成了主流文化。所谓的"青年亚文化",其实应该是社会的主流文化。所以主流、非主流或亚文化,其实只是一个相对性的概念。貌似非主流的青年亚文化,其实在网络时代产生、占据了主流文化的功能和地位。

在类似的博弈关系中,新媒体时代突出了技术支持的重要性,新媒体支持了形式对于内容的决定性作用。像刚才所举的例子,网络作品的文学形式,最终改变的是我们的文学内容和价值观。但是反过来也可以这样说,内容决定形式。为什么呢?所有作品终有一个重新经典化的过程。任何一种人文创造经过历史筛选,价值实现必是首选,形式却会固化而显保守。只不过形式决定内容还是我们当下这个时代的主要特征。犹如淘宝因充满了太多假冒伪劣产品而被人诟病,那些人却仍会每天逛淘宝。

在某种程度上,文学写作的分流与泛化也像是文学的淘宝世界。其中最紧要的问题是文学的边界已经或正在消失。我们无法面对新的文学样态或写作样态进行有效的理论阐释。这种局面始于1990年代后期的世纪之交。比如对于跨文体作品的无法命名,对于"80后"的整体性失语,对于新媒体文学的无感等,最近的非虚构又该如何定义?文学和写作或者说文体、文类的价值范畴,在新世纪新媒体时代是否需要进行一种传统的专业博弈?或者,如有的学者所说,新媒体的写作生产不再是一个文学问题,而主要是一个产业的业态问题。这样说也罢,但文学还要存在吗?仍有点执迷,或心有不甘。

权利博弈还要受制于商业文化消费的社会需求。文学生产,特别是物质商品的生产,把人的欲望开发到极致,满足到极致。连你没有想到的,它都给你生产出来。剩下的就是消费行为了。正所谓必有一款合适你。但欲壑难填，同时必有一款你没有。技术的驱动力来源于市场需求的细化和人的无穷欲望。互联网既细化了市场，拓展了商业空间，实现了利润最大化，又鼓励了欲望的膨胀无度，推动了互联网产品的野蛮生长。最终导致的必将是价值观、意识形态的一个乱局，因为技术和物质无所不至其极，最后一定会对道德构成严峻挑战和突破。不能约束技术，道德必会崩溃。所以，博弈中遭遇的困局又将如何解困？新媒体技术的乐观，在笔者看来可能会走向不可知的凶险未来。

结语：不确定的现实与不可预测的未来

现在怎么办？未来怎么办？不知道怎么办。

根本的问题是，生物基因和医学技术、人工智能等科技已经预示了再造人类的可能性。前者是用技术手段直接针对人的肉体，后者则是用技术手段针对人的智力。两者合力成为再造人类的技术手段。2018年发布的基因编辑生产出的两个婴儿就是再造人类的现实。但它产生的伦理后果却是人类不可预知和把控的。再造人类的两个难题都没法有效解决，一个是技术性的，另一个是伦理性的。这样一种生物医学技术将把人类带往何处，无法预测。

就在人本身遭遇威胁的同时，另一方面又是"人的文学困境"。我们很快就将面临文学创造的物化局面。文学平台将由互联网的支持变成物联网的支持。以前我们说从纸媒到互联网，但是到互联网以后，物联网随之出现。物联网是借助互联网的技术，把整个现实世界多层次全方位甚至是多维度地连接在一起。人工智能化的物联网将使文学生产的主体发生变化——文学生产不再完全需要人了。最早的机器人AlphaGo打败了最高水平的围棋高手，同样，一个人工智能的机器人，可以写出专业文学批评家、诗评家不能分辨真伪的诗歌。理论家说，我们要讨论的不是AlphaGo写的诗，是活生生的人、诗人写的诗。然而，当面对的诗歌不告诉你是AlphaGo写的还是人写的，你能分辨诗的作者（人机）身份吗？这个问题的严重性何在？就是"人的文学"的困境。当人工智能、物联网能够通过自身系统生产出精神产品的时候，文学跟人类生活就不是单一的生产与被生产的关系了。在人类社会之外，还有另一种文学的存在，我们又将如何理解人与文学的关系呢？仅仅从个体来说，AlphaGo已经告诉你，人工智能优于任何一个个体，比你聪明而强大。如果它还能生产出精神产品，人的智力和精神优越性就将荡然无存，这就是"人的文学"的精神性困境。

显然，技术对人的根本挑战已经出现。而"人的文学"的困境更是文学专业将要遭遇的极端挑战。人无远虑必有近忧，理论研究着眼的是未来的趋势和可能性。如果全是实际的考虑，那你就是个淘宝店店主；人文研究须有超越性的想象力，要有无用之用的想象，这两个问题同样也是我们文学的根本性问题。现在的技术水平已经能够让你想象出未来的一种挑战性的状况。

现实一点说，只要互联网新媒体的技术还没有达到饱和状态，现状就仍不确定。人工智能的现状不了了之，看得懂的是一两年苹果华为就会出新款，说明技术进步隔三岔五都有变化。在这样一种媒体技术基础上的文学平台，就将一直支持着文学新形态出现的可能性。也许从容讨论互联网文学之时，应该是在它的技术达到饱和状态的时候吧。这个时间还没有真正到来。

唯一可以确定的是，不能再用传统的眼光来看互联网技术的未来。世纪之交时的马云还在杭州做英语老师。他用了多少年成为中国首富、亚洲首富？用了多少年做成了世界电商的老大？差不多是10年。也就是说，用传统行业来衡量的话，你不可能理解马云的崛起。这就是网络新媒体的时代奇迹。时间好像被改变了。时间就是生命。这个结果是好是坏，不做判断，但如果无视的话，你就一定会与我们这个时代格格不入。新媒体文学妄自尊大，可能导致解体和毁灭；纸媒文学故步自封，留下的则会是笑柄和遗迹。

总而言之，1990年代开始改变的是中国的传统社会形态，包括传统意识形态和它的社会基础。商品经济社会终于在中国历史上首次建立。这是一种千年历史传统之变。文学生产也随之有了市场化的生产机制，典型代表就是"80后"现象。史无前例的只有"80后"。由此才能理解"80后"在中国文学史上的意义。有了全民共享的互联网以后,这个作家代际诞生/生产现象也就不能存在或复制了。至于互联网新媒体文学,则是现在和未来的持续挑战。这一挑战完全不确定,难有答案。

文学的世纪之交与"80后"的诞生
——文学史视野的案例分析

引言 2018—2019年:"80后"文学20周年

"80后"文学的诞生和新媒体文学的兴盛,可视为新时期文学以来的文学史标志性事件,也可说是文学史的最近或最新的转捩点。① 笔者先前的研究偏重于宏观面的描述和概括,对于案例本身的分析和讨论相对简略。既然"80后"文学的文学史地位如此重要,就有必要对它进行一番专门讨论——究竟如何认识和判断"80后"诞生的文学史意义?如何在文学史视野中看待和评估"80后"诞生的文学及社会反响?"80后"文学的具体文学(史)问题是否还有待深入探讨?从一般时间意义上的文学史流程来说,2019年实际上是"80后"文学诞生20周年。② 从文学史,或更加宏大的社会、政治、文化视野看,2019年是五四运动100周年,新中国成立及共和国文学70周年,改革开放及新时期文学40周年。但本文想强调的是,2019年是文学

---

① 参见拙作《新时期文学到新世纪文学的流变与转型——以〈萌芽〉"新概念"作文、新媒体文学为中心》(《小说评论》2019年第1期"吴俊专栏·话说新世纪文学")一文。

② 笔者把1999年举办的首届《萌芽》新概念作文大赛看作是"80后"在文学史上诞生的元年标志。

"80后"或"80后"文学的20周年,进一步说,是"80后"具有的文学史意义。

不过,这样一个似乎确定能够进入文学史的现象或事实,能够成为当代文学批评常用话语的重要概念,并没有获得足够充分的对待。"80后"究竟有什么特别的文学史含义?现在仍有相当多的人并不认可"80后"这个概念有文学史的意义和价值,年轻人对此也已经不甚了然了,如果不去专门查阅文献的话。提示一下,网络写作中现在很平常的一个关于写作者身份认定的说法,叫作写手,就是从"80后"这一代作家开始流行使用的。什么叫写手?说白了就是一种蔑称,你不配叫作家,只是一个敲键盘的,敲出来的东西当然也不是"文学"。在"80后"这个概念出现之前,中国文学批评和创作里还没有"写手"这种固定写作身份。哪会有人说一代写作者或者某个人、某类人是"写手"?身份歧视的心思还没有以这种方式出现。但就是因为"80后"出现了,正统的或者说主流的文学界、批评家,就是掌握既定文学权利的力量,对于这一代作家突然冒出来,有点不太适应,对他们的写作方式和风格,特别是他们的市场影响力,有点措手不及。怎样去指认这一代已经无法熟视无睹的写作者?"写手"一说应运而生,以示区别于传统概念的正牌作家,当然也顺便满足了正牌作家和批评家们的自慰和优越心理。这个概念一直延续到现在,现在多有网络写手的说法。有的时候这也更像是网络作家用来自嘲的一种说法吧。从这一点来说,"80后"的文学影响力到了现在,还在活生生地起作用。只不过从研究层面来说,"80后"仍没有获得一个符合其实际重要性及文学史地位的充分的学术性对待,尤其是文学史的明确评价。这是笔者关注"80后"文学的一个最基本原因。①

不管是从中国当代宏观历史的角度,还是从文学史的角度去看,都会发现"80后"的诞生恰恰跟中国的社会转型,特别是改革开放的转型发展同步。改革开放成为"80后"诞生的最大的社会政治背景。文学界的人可能已经淡忘了,1999年正是我国与美国终于谈妥世

---

① 这样武断或也不很公允,且非常冒险,比如孙桂荣的《新世纪80后青春文学研究》(人民出版社2016年版)就是一部专门研究"80后"文学的著作。

界贸易组织（WTO）协议条款的签署之年。要了解"80后"，应该将其置于中国改革开放的大背景中来。在2018年近于岁末的一段时间，关于改革开放40周年，就已经成为中国当前政治和网络上的一个热点话题。习近平总书记对于改革开放40周年又有重要讲话，强调要将中国的改革开放事业进行到底。这说明40年前确立的改革开放的政策，到现在依然是中国的基本国策和政治发展主流。仅从这一点来说，就能理解从"80后"案例能够看出一个时代（历史—现实）的特色，看出中国当代的文学特色和文学史特色。笔者所谓的"文学的世纪之交"不仅是20世纪到21世纪的交替，它其实是两个文学时代的交替，交替的主要载体（标志）之一就是"80后"文学。"世纪之交的文学"更多是指自然的时间之交及其文学；"文学的世纪之交"，指的是文学时代的交替，是文学的时代之变，"80后"的诞生就是一个标志。

改革开放的推进及南方谈话的文学发展影响

先扼要谈一下世纪之交的文学背景。世纪之交的中国文学处在一个怎样的环境或状态中？历史的描述及判断当然很难有统一的说法。目前来看，这或许主要是源于我们的新时期文学概念——文学界对于新时期文学阶段的认定存在歧义。1980年代属于新时期文学，这基本上没有异议。但是1990年代算不算新时期文学？歧义就出现了。很多人就认为，进入90年代就意味着新时期文学结束了；或者，可以邓小平的南方谈话为节点，谈话之后就该是后新时期文学时代了；也有以90年代中后期为节点的；甚至有以自然时间的世纪之交为节点的。不管怎么说，新时期文学的结束总在1990年代或稍早点的1980年代末期；把新时期文学时段延展到新世纪的观点，应该极少见。歧义出现在对于90年代的判断上。1990年代也被视作一个"无名"时代①，理论家提炼不出能够概括当下时代特征的、潮流性现象的文学概念，同时，整个社会形势的发展也把文学边缘化了——也许只是日常化了。其时，很快就起了一个运动，即人文精神讨论运动②，它的基本动因就是认为人文精神价值诉求已经被遮蔽、沦陷而不能获得彰显，物欲、商品、市场、经济意识形态已经严重侵扰了原本弘扬精神价值理念乃至一般道德观念的人文领域。由此也能领会一个时代的整体氛围和价值观流向，曾经的"文学中心"（某种程度上的启蒙意识形态中心）时代已经迅速消失在历史中了。

南方谈话加速了改革开放的全面深化和推进。改革开放的空间标志从深圳转到了上海浦东。不同于深圳，上海的成或败，对整个国家会有全局性的影响。从这一点来说，南方谈话对于中国改革开放的推进影响是整体性的、结构性的、根本性的。那么它所产生的包括文学领域的影响，可以尝试归纳为三个方面。

第一，南方谈话加速了中国社会主义市场经济体制的全面建立和

---

① 复旦大学金理教授对"共名""无名"说有过扼要梳理：陈思和最早在1995年为上海文艺出版社主编的《逼近世纪末小说选》（第二卷）所写序言里提出此说，文收《犬耕集》；后完成论文《共名与无名：百年中国文学管窥》，刊于《上海文学》1996年第10期，文收《写在子夜》《陈思和自选集》等；此后在《试论90年代文学的无名特征及其当代性》《简论抗战为文学史分界的两个问题》等文章中又有所发挥、深化。金理原文见《一言何以成新说——关于文学史理论"共名与无名"》，原载《当代作家评论》2010年第4期。该文注释对相关文献有较详细的收录；该文后收入作者专著《写在文学史边上》（上海人民出版社2018年版）。"共名""无名"说还引发了一些相关的后续研讨，如赵晓莉的《陈思和先生〈中国当代文学史教程〉"共名"出处考》[《上海大学学报》（社会科学版）2004年7月第11卷第4期]等，就是对陈氏在文学史撰述中使用该说的讨论。

② 媒体集中讨论时间在1993—1995年。约略地说，《上海文学》1993年第6期刊发的《旷野上的废墟——文学和人文精神的危机》一文，多被视为该次讨论形诸媒体的发端标志。次年，《读书》第3期开始连续发表了后续文章，形成讨论高潮；《光明日报》《文汇报》等媒体也相继刊发了文章。同时，歧义、争鸣的观点也开始出现，并一度形成激烈交锋。讨论延续至1995年趋缓收尾。1996年，王晓明编《人文精神寻思录》（文汇出版社）、丁东编《人文精神讨论文选》（光明日报出版社）同年出版。

建设步伐。从政治上说当然坚持走中国特色的社会主义道路，不过在改革开放的实践过程中，"姓资姓社"的问题已经不宜也不可能一下子获得理论澄清，只有实践才是检验真理的唯一标准。并且实践已经告诉我们，原来的某些理论边界在中国社会主义建设的实践当中必须要有所突破了，否则整个国家的发展步伐一定会受阻。从这一点来说，市场经济社会的建立不仅是经济体制的改变，也带来了整个社会基本体制的变革，其中一定引发全社会资源和利益的重新分配，以及价值观念的根本性变化。强调这一点，即说明一个历史事实，1990年代文学的流向变化乃至某种低迷状态及发展的不确定性，看似脱离了原先（1980年代）的轨道和惯性，实质有着国家整体形势的转型巨变为基本根源。

第二，国家和社会发展道路的巨变对文学体制机制的改变产生了巨大影响。宏观上说，文学的身份和处境遭遇了一种伦理两难。文化体制转型在1990年代一度因陷入瓶颈而发生转型阵痛。包括文学界在内的广义文化领域，连同教育、学术乃至文化产业比如出版业、杂志期刊等，在1990年代中期前后全部遭遇了低迷和萧条的困境。计划经济时代的财政支持已经无力维持文化领域，文化的生存和发展只能自谋生路；但同时，又必须仍然保持既定的忠诚及责任和义务。这便是特定社会和文化境遇中的伦理两难。这也更加说明了文化体制改革势在必行。文学发展同样必须顺应经济社会的发展规律和要求，否则就要被时代所抛弃，或成为一种发展障碍。

当时还是传统纸媒为主流的时代，文学等级（行政等级、刊物文化资本等级、所谓严肃文学或精英文学主导的观念等级）的差别还十分显著，主流文学一边感叹文学失去轰动效应，[①] 一边痛斥通俗、流行文学或文学的市场化，但曾经高高在上的严肃文学、精英文学的社会价值地位却已经一落千丈。以文学刊物来说，几乎所有的文学刊物全部经历了像当时国企改革一样的"关停并转"。财政和市场都不再

---

① 此论最早形诸媒体的是王蒙（署名阳雨）发表于《文艺报》1988年1月30日的文章《文学：失却轰动效应之后》。此后成为1980年代末至1990年代的经常性话题。2003年出版的《王蒙文存》（人民文学出版社）末卷也以此文为卷名。

当代文学的转型与新创

支持计划经济体制中的刊物和媒体运转了,文化生产在很大程度上趋于停滞状态。举一个例子,《上海文论》是上海市作家协会和上海社会科学院文学研究所合办的刊物,后来定名为《上海文化》。1988年,在这个刊物上,陈思和教授、王晓明教授领衔主持发起了"重写文学史"① 学术潮流,笔者的几位同门还专门写了文章发表在该刊上。但是到了 1990 年代中期,这本刊物办不下去了。财政上的难以为继当然是显著原因,同时文学市场的低迷也是宏观时势。文学已经少人问津,更别提学院气的研究和批评了。刊物虽没完全关门,但也转行了,笔者就看到过两期变身为汽车刊物的《上海文化》。能想象吗?当然不能想象。但现实就是如此骨感。从《上海文论》的遭遇,就可以知道原来能够引领文学风潮的著名刊物,又是在上海这样一个文化最发达的地区,它居然也生存不下去了。整个文学体制转型有多么痛苦,后来的人还能体会吗!1990 年代发生的这种现象,应该说在政治上也是对国家制度的一种考验。

第三,所有的文学,所有的媒体、出版业、文化产业,总得要生存,必须要突破文学、文化生产的产业化困境,促成经济社会中的文学发展。改革开放的革命性意义就体现出来了——首先是观念的变革,包括文学刊物在内的所有媒体必须要正视自己首先作为一个商品的身份属性。由此,以媒体为中心的写作局势就开始出现了。与以往的区别是什么?区别在于,以往的写作和文学生产中,媒体只是一个单纯刊发文章的平台,出名获利的是作家作品,媒体的地位、利益和功能往往不被重视。而且中国的媒体在制度上是分等级的,地方性的刊物刊发了再有名的作品,也不能跟国家级刊物相比,比如《山东文学》《上海文学》,哪怕刊发了最出色的作品,也永远变不成《人民文学》。但是到了每个媒体都要自谋生路的时候,《人民文学》未必竞争得过地方刊物。也就是说,不管是什么刊物,什么级别的刊物,在市场经济条件下,必须要有一个商业化的生存前提。这个时候媒体的自身生存策略就变成第一位了。换言之,刊物媒体必须要为自身利益

---

① 王晓明、陈思和在《上海文论》1988 年第 4 期开辟"重写文学史"专栏,连续刊发相关文章,形成了影响广泛的学术潮流现象,专栏至次年第 6 期结束。"重写文学史"的讨论仍延续多年,并产生了持续性的影响。

策划和生产文学，文学也需要且可以被策划利用为刊物的资源。媒体从自己的定位、利益及市场目标出发，策划生产合乎自身目的需求的文学产品，这是从1990年代开始形成的一种普遍意识和趋势。所谓"消费性的写作"也从1990年代开始大盛起来。1990年代的一些文学现象，背后其实都有一个消费性的动因。从一个普遍性的现象来说，很快如雨后春笋般冒出来的报纸副刊，就是消费性写作的生产机制平台，也即市场平台。中国在1990年代中期以前，几乎没有都市报，没有文化商业主导的消费型报纸，当然也就没有商业消费性的报纸副刊。宽泛点说也只有一家上海的《新民晚报》，包括其副刊，勉强可称最有影响力的市民文化消费媒体（版面）。各地消费型报纸的泛滥都是后来出现的现象。当然，十几年以后，互联网新媒体又把这些纸质的报纸逼上了一条关门了结的不归路。这样一个消费型写作的社会文化态势，同时也在催生、孕育出一种渐趋成熟的文学商业机制，由此带动了很多具体文学现象的出现，比如小女人散文①、怀旧热、学者小品和文化散文等。这种写作景象和文学生态也是1980年代所完全没有的。就这样兴盛了大概十来年，中国从纸媒时代进入互联网时代。从文学媒体的角度，笔者看到了此时此刻出现的最重要的划时代文学现象，就是"80后"凭借《萌芽》新概念作文大赛的诞生和崛起。

《萌芽》新概念作文大赛与"80后"文学诞生

"80后"诞生于新概念作文大赛，这话说得有点绝对了，但并非无理。新概念作文大赛是《萌芽》创办的，《萌芽》是最典型的中国当代文学体制内的刊物，1990年代中前期正遭遇转型的失落、迷茫和痛苦。原本《萌芽》是主要面向年轻作家、青少年的文学刊物，这从

---

① 一般指1990年代一批都市女作家以日常生活及相关情感表现为主要内容的短篇散文，具有日常性、都市性、女性化、年轻化、时尚性等特点。著名作者有黄爱东西、黄茵、张梅、素素、兰妮、莫小米等，上海的《新民晚报》副刊一度是其最重要的发表平台，声势形成后在出版市场也火爆一时。

当代文学的转型与新创

刊物名称可以看得出来。90年代文学如此凋零，《萌芽》怎么办？原先体制内的办法显然已告失败，传统路径已经无路可走。恰好在那个时候，中学语文教育及应试教育问题引发大范围讨论和争议，甚至成为一个全国聚焦的话题。有个很有意思的现象，改革开放以后，在中小学教育里面只有语文教学领域隔三岔五会引起全国范围的关注，且几乎以批评为主，连鲁迅作品在教材里的数量变化也会生出一场争议。全社会从来没有大规模讨论过中小学的数理化教育、历史地理教育、外语教育问题，都盯着语文教育，而且又把语文教育和文学、人文精神教育串起来讨论。《萌芽》自身文学定位的历史传统和办刊视野使得它的主办者充分意识到了有关语文教育讨论与刊物生存发展的可能关系，刊物也有途径可以联络、整合教育界（高校文学教师、中学语文教师）和文学界（作家协会、作家和批评家）的多方力量，通过一项具有现实针对性的创意策划活动，一方面对语文教育的发展提供建设性的方案和举措，并在其中发掘创新写作人才，另一方面也是挽救《萌芽》刊物，或大而言之，在文学、文化整体低迷的困境中，为文学探索一条可能的生路。这就能理解这项创意策划的名称叫作"新概念作文大赛"了①。名称用的不是"文学"大赛，而是"作文"大赛，由此可以知道这场活动的目标在写作上很有限，不是主要来搞文学的，而是来搞语文范畴里的作文写作。至于关键词"新概念"，所针对的也是被诟病的中学语文教育尤其是写作的僵化套路模式。没想到，1998年策划、1999年首届举办的新概念作文大赛立马爆红，犹似如今的爆款刷屏，不仅出了个偶像级人物韩寒，而且使得所有人，首先是文学界中人，几乎立即意识到了青少年文学写作的力量。这是文学在1990年代中期经历了"屈辱和羞耻"之后，出现的一种意外的崭新生态——新概念作文大赛使得青少年文学引发了全社会的

---

① 《萌芽》新概念作文大赛的最早创意者是该刊编辑部主任李其纲。十几年后，李其纲退休，撰写了《新概念作文大赛历史》（华东师范大学出版社2016年版）一书，其中对这场赛事的缘起、过程、相关反响和评价等忆述甚详。书中还收录了笔者的两篇文章。

巨大反响。① 这种巨大反响的功利支持则是，虽然新概念作文大赛以反对应试教育为号召，但赛事的结果却是大赛的获奖者有可能进入著名大学录取的优选候补行列，这就吸引了中学生家长、家庭的关注。这也是这项赛事策划成功的关键之一，巧妙自然地利用了当时的政策缝隙和社会心理。但对文学写作而言，这样的作品代表了新一代的年轻人，他们用文学写作的方式，表现出了广阔社会面的生活状态和众生相，尤其是个性化地呈现出了一代人的青春思考和表达方式的宽广度。因此，前几届的新概念作文大赛的很多获奖作品立即就产生了席卷性的影响，影响超出了文学界。很快，一个词、一个概念经过无意识的高频使用，包括此前如"70后"（美女作家）之类的用法，忽然就清晰、肯定、自信地出现了，那就是"80后"。这是一个以出生年代为标记的写作代际概念，因为一开始参加新概念作文大赛的中学生大都出生于1980年代。他们构成了前期大赛的参赛主体人群。② 从这个现象来说，1999年诞生的新概念作文大赛，其实就是"80后"诞生的一个主要文学平台。

需要解释的是，通常不能说"80后"作家完全诞生于新概念作文大赛。"80后"是一个跨域性的概念，并非仅限于文学领域；在文

---

① 第二届新概念作文大赛复赛举行前夕，《文艺报》在2000年1月8日以整版篇幅对新概念作文大赛做了完整而扼要的述评："回眸世纪末最后一个年头——1999年，文学界最让人感到新鲜的、最有冲击力的、最有社会影响的活动，恐怕要数《萌芽》杂志举办的新概念作文大赛了。"参见李其纲《新概念作文大赛历史》第38页。又，中央电视台的"记忆"系列电视纪录片以《精神的家园》为题报道了《萌芽》新概念作文大赛。其中一个场景最能见出该项赛事的社会知名度和影响力。第三届新概念作文大赛一等奖获奖者高满航在接受采访时说了这样一段故事：在他投宿一家仅28元一夜的廉价旅馆时，"（旅馆）阿姨说，你干吗？我说，参加新概念作文大赛。那几个阿姨一听新概念，立刻就说，韩寒，你就是以后的韩寒。当时我感觉吧，就是她们说这几句话的时候，我觉得对我这次行程，以及对我以前所做的一切，都是一个最大的肯定"。参见李其纲《新概念作文大赛历史》第49页。笔者的一位硕士研究生也是高满航同届的一等奖获得者。该届最有名的当然是郭敬明，郭也是第三、四届连续两届一等奖获奖者。从社会反响来说，第二届新概念作文大赛复赛时有一句话已经到了口耳相传、深入人心的程度——"韩寒，你就是以后的韩寒"。

② 比如，韩寒出生于1982年，郭敬明出生于1983年，张悦然出生于1982年。

学领域也不仅限于小说，虽然"80后"小说家是最著名的"80后"。不过，在文学领域，著名的"80后"作家中很多都有新概念作文大赛的经验。① 而且，按照新概念作文大赛的两位"教父"赵长天(《萌芽》主编)、李其纲的说法，凡是在新概念作文大赛里边获一等奖的"80后"，后来几乎在所有的岗位上都获得了成功。②

文学界里的"80后"还有另一个相对独立的起源，就是"80后"诗人及诗歌现象。不过，或是因为诗歌在社会领域属于小众文学，专业辐射和影响比较受限，诗歌领域中的"80后"概念并未引起社会的广泛关注，远不如《萌芽》新概念作文大赛引出的"80后"风暴。以下简述诗歌界"80后"的诞生及流变史，其中会出现与其他门类(如小说)的轨迹缠绕。

2000年7月，《诗参考》开辟"80年代出生的诗人的诗"栏目，推出出生于1980年代的诗人的作品。

2001年1月，山鬼诗歌论坛在西安(西北大学)诞生，西毒何殇和李傻傻为版主，加盟成员有木桦、阿斐、中指、但影等诗人。这是第一个标榜"80年代后"的BBS诗歌论坛。

4月，老刀主编《冬至》，提出"80年代后"概念。

6月，刘东灵、汤成伟主编《诗与思》，推出"青铜骑士——80年代后少年诗人力作展"，以响应老刀在《冬至》推出的"80年代出生少年诗人力作展"。

12月，老刀出资、编辑的民刊《缺席》在西安创刊。其在《无效的重复与复辟——"八十年代"诗歌写作现状批判》一文中认为，"'八十年代'完全是对'七十年代'的一次近乎白痴似的无效重复"。

---

① 除了最常被人提及的韩、郭、张外，至少还有任晓雯、周嘉宁、尹珊珊、颜歌、苏德、徐敏霞、邹霖楠(夏茗悠)、郝景芳、秦雯、徐艺嘉、那多、小饭、蒋峰、甘世佳、胡坚、陈崇正、王若虚、林培源、李晁……而且，出身新概念作文大赛的"90后"作家也有了雏形。参见李其纲《新概念作文大赛历史》第220页名单。

② 李其纲在《新概念作文大赛历史》里分章介绍了历届新概念获奖者的群体或个人的职业发展及人生轨迹，详见该书第三十一、三十二、三十三、三十四章。

春树的《写给八十后的诗人看》，以帖子的形式贴于诗江湖论坛，呼吁"80后诗人团结起来"。

刘东灵的《关于"80年代后"生存状况的一些思考》，较详细地介绍了早期"80后"诗人的创作和活动。

2002年3月，老刀受邀为《独立》主编一期"E时代77—83出生诗人作品选"，正式提出"80后"写作"E时代"概念。该选本是"80后"诗人的首次集体浮现。

啊松啊松的《诗的尴尬以及其他》对"80后"概念提出质疑。该文后收入老刀主编的《独立——E世代诗人作品选》。

6月，丁成的《给80后出生的诗人们一记棒喝》帖子，贴于扬子鳄和诗理论论坛，该帖成为"80后"命名论争爆发的导火索。期间，丁成又有《为80后诗人鼓与呼》，指出"80后"诗歌运动"重要的不是命名，而是命名下的负载"。

7—8月，"80后"诗人内部开始出现实际分歧，以丁成、啊松啊松为首的"新80后"，主张并捍卫"80后"的命名；以老刀、熊盛荣、张进步、土豆为首的"老80后"，则主张否定这一命名。新、老"80后"诗人开始出现价值取向和美学意义上的分野。

10月，受"80后"论争的启发，刘春撰写了《"文学史情结"笼罩下的诗坛命名——以"80后"为例》（发表于《北京文学》2003年第10期），该文后收入丁成、李原、啊松啊松主编的《蓝星——80后文论卷》。

2003年1月，弥撒在弧线诗歌论坛上提出80后"分裂论"，阐述"80后"三大写作群体的诞生：以春树、木桦、土豆等为代表的口语诗人；以刘东灵、熊盛荣、张进步等为代表的知识分子写作诗人；以丁成、啊松啊松、十一郎、弥撒、秦客等为代表的提倡开放性与兼容性写作的诗人。

4月，在作家吴晨骏的推动下，《海峡》杂志从第4期开始连续推出"'80后'诗歌展"栏目，分区域连续数期发表"80后"诗人诗作。

9月，《诗选刊》推出"80年代出生诗人作品展"，共有80余位诗人入选，分A、B两卷。

12月,《南方都市报》推出"国内最活跃的"一批"80后"诗人专版,发表春树、张进步、莫小邪、许琳琳等的作品。

2004年2月,春树登上2月2日出版的《时代》亚洲版封面。

李傻傻由诗歌向小说转型,小说《红X》《被当做鬼的人》未出版就受到媒体追捧,几乎被视为"80后文学第一人";同时,媒体升级炒作"80后作家",诗歌范畴的"80后"逐渐被畅销书(小说)"80后"所淹没。

春风文艺出版社出版张清华主编的《21世纪中国文学大系——2003年诗歌》,其中选入了阿斐、阿九、春树、丁成、唐不遇、张进步等6位"80后"诗人诗作。

4月,杨克引用"80后"诗人老刀2002年提出的"E时代"概念来定义"80后",认为"E世代"是"80后"诗人的本质命名。

10月,他爱的《80后造妖运动》一文,举春树和李傻傻等以小说成名的诗人为例,批评"80后"是一场"造妖运动"。

11月,他爱的《恭小兵,请停止你的盗窃行为》一文,发表于天涯论坛及各大诗歌论坛,质疑恭小兵在《大学周刊》专栏的自我介绍:"恭小兵:监狱中成长的新生力量,中文界80后概念的提出者。"严厉谴责恭小兵的言论是"盗窃行为"。①

综上可以大致梳理出这样一个脉络:"80后"诗歌运动起于2000年,主要活动平台是早期的诗歌论坛和诗歌民刊。在发展过程中,围绕"80后"的命名,诗人内部一直有争论,并于2002年7月至9月达到高潮。同时,"80后"诗人逐渐获得了在传统文学刊物(纸媒)上发表的机会。至2004年初,春树登上《时代》周刊亚洲版封面,媒体也开始大规模炒作"80后作家"。

可见,对"80后"概念或"80后"诗歌的追溯上限,还未超出2000年。他爱在2005年撰写的《80后文学史的终结——从80后到

---

① 以上资料基本涵盖了"80后"概念缘起、流变的重要节点,摘编自啊松啊松《"80后"诗歌备忘录》一文所载2000—2004年的诗歌运动史料。该文提及的《80后诗歌档案:一代人的墓志铭和冲锋哨》,由丁成编、中国海洋大学出版社2008年出版,是关于"80后"诗人诗歌的很有参考价值的文献。

伪80后》①明确说明："'80后'最早出场是在2000年7月的《诗参考》上以'80年代出生的诗人的诗'为专栏亮相。"

至于"80后"诗人与《萌芽》及新概念作文大赛的关系，在"80后"诗人立场上有这样的表述："80后"的概念事实上最先在诗歌界兴起，《80后诗歌档案》通过真实的历史梳理，从2000年出现"80年代"的概念起，到2002年6月最终以"80后"的概念被更多的人和批评界所认同，到《诗选刊》2003年第9期正式推出"80后"诗人专号、《海峡》连续8期推出"80后"诗歌展等，再到小说界的"80后"在"80后"诗人们努力数年才建立好的一代人的旗帜下，成功涌现出了小说界的春树、李傻傻、郭敬明、张悦然、小饭和后来的恭小兵们。"80后"这个概念所经历的风雨、遭受的质疑，甚至轰轰烈烈的出场运动等经过，都被真实详细地记录下来，再现了"80后"诗人们创造这一具有历史意义的旗帜和出场时风起云涌蔚为壮观的一代人的历史真相。②

在理论批评界，"80后"作家一词至迟在2000年就已使用了。较早的有：蒋原伦的《"断裂"喧响中的先锋与传统》（《文艺研究》2000年第6期）一文：90年代后半期，先锋文学的面貌变得越来越模糊和可疑。反时尚或追逐时尚的，搞文体实验的或搞"身体写作"的，都可以顶着先锋的名头，于是大众媒体最省力气的办法是以年龄划分作家群体，如"70后作家""80后作家"，或"新生代""新新人类"等。这一划分暗含着后来者居上和喜新厌旧的意味，甚至还有"美女作家"的称谓，虽然在炒作上十分有利，但在理论上并不可取。据此可以认为，至迟在2000年，"80后"的概念已经不再突兀，当然应该不是蒋原伦首创（而且似乎很难追溯到该名称的确切起源）。事实上，类似的"70后""70后美女作家"在此前已经出现了。

武汉大学王雅丽2005年硕士论文是以"80后"为关键词在中国知网上检索到的第一篇学位论文，估计也是国内最早的以"80后"

---

① 他爱：《80后文学史的终结——从80后到伪80后》，http：//bbs.tianya.cn/post-no01-152373-1.shtml。

② 详见丁成编：《80后诗歌档案：一代人的墓志铭和冲锋哨》，中国海洋大学出版社2008年版，第252页。

现象为研究对象的学位论文。她认为在不同的语境中,"80后"概念具有不同所指。2003年前,"80后"指一批活跃于网络论坛的出生于1980年后的诗人;2003年后,"80后"指一批商业运作出来的出生于1980年后的年轻作家,其中又以小说作家为主;2003—2004年,"80后"作家的涌现引发社会广泛关注,产生了不少话题,因而"80后"也可以指2003—2004年间一批年轻作者突然涌现的文化现象;到了现在,"80后"已经演变成一个日常语汇,它可以用来指代所有出生于1980年后的年轻人。①

2004年2月2日,"80后"作家春树登上美国《时代》周刊亚洲版封面,同时该刊把春树与韩寒以及电脑黑客满舟、摇滚乐手李杨一起称作中国"80后"的代表。"80后"概念及声势也借此推向高潮。

稍后的2004年2月17日,新概念作文大赛一等奖获得者AT在《南方都市报》发表了《谁有权力代表"80后"发言》一文,对春树等人能否代表"80后"以及"80后"文学提出质疑。接着,同为"80后"的张佳玮在《中华图书商报·书评周刊》上发表了《80后写作:你认为什么是文学?》,进一步提出以韩寒、郭敬明、春树为代表的"80后"只是商业包装的假象,一批真正富有创造性的写作者却被遮蔽了。在媒体焦点关注之外还有另一批"80后"写作者,如李傻傻、胡坚、小饭、张佳玮、蒋峰——所谓"80后实力派五虎将";与此相比,在媒体走红的韩寒、春树、郭敬明、张悦然、孙睿等则是"偶像派写作"。这也就开启了"80后"写作的实力派与偶像派之争,天涯、网易等网站成为口水战升温的主要平台,有人称之为"80后"写作的内讧或"断裂"。

2004年6月,著名先锋派作家马原主编的《重金属——80后实力派五虎将精品集》出版。马原作序,收录李傻傻、张佳玮、胡坚、小饭、蒋峰的作品。陈思和在《上海文学》推出"五虎将专辑"。李傻傻的《红X》在《花城》发表。

7月8日,上海市作家协会召开"80年代后青年文学创作讨论会",蒋峰、小饭、陶磊等在会上表示要和韩寒、郭敬明等"划清界

---

① 详见王雅丽:《"80后"文化现象研究》,武汉大学2005年硕士论文。

限"。

7月19日，中国文联出版社主办的"80后读者见面会暨《我们，我们》（80后文集）首发式"在北京举行，号称"73位80后作家集体登场"。当天下午，中央电视台《读书时间》栏目以该书的出版发行为背景，邀请评论家白烨、作家莫言，春树、李傻傻、彭扬、张悦然等为嘉宾，制作了一档名为"恰同学少年——关注80后的一代"专题节目。

11月22日，中国当代文学研究会和北京语言大学人文学院举办"走进'80后'研讨会"，崔希亮、白烨、路文彬、梁晓声、曹文轩、陈福民和"80后"作家胡杨、彭杨、杨哲、徐超等参加会议。

《南方文坛》2004年第6期发表了张尧臣的《就在眼前的"80后"》，将"80后"分为三种类型，即新概念作文大赛获奖者出身的写作者；在市场经济环境中由书商和出版方商业炒作走红的写作者；地下写作者。该文作者张尧臣也是新概念作文大赛获奖者，当时的身份是中文系的在读应届研究生。① 可见，至少在2004年左右，"80后"自身的文学生态及流变已经形成交叉、分化、越界的明显多样面貌了。这几乎也和互联网时代的日趋碎片化的宏观现象变化近于同步了。

---

① 以上资料由笔者的博士生李安昆帮助收集整理，谨致感谢。收集整理所涉及的资料来源包括但不限于：黄发有《文学与年龄：从"60后"到"90后"》（《文艺研究》2012年第6期），王涛《为"80后"正名》（《当代文坛》2011年第3期），丁成编《80后诗歌档案：一代人的墓志铭和冲锋哨》（中国海洋大学出版社2008年版），江冰《论"80后"文学》[《天津师范大学学报（社会科学版）》2007年第3期]，王雅丽《"80后"文化现象研究》（武汉大学2005年硕士论文），蔡达《80后作家要求抛弃80后概念？》（《南方都市报》2004年7月23日，http://culture.163.com/editor/news/040723/040723_92012.html），黄兆晖、廖文芳《80后文学：未成年，还是被遮蔽？》（《南方都市报》2004年3月9日，http://www.china.com.cn/chinese/RS/513486.htm），他爱《80后文学史的终结——从80后到伪80后》（天涯论坛，http://bbs.tianya.cn/post-no01-152373-1.shtml），张尧臣《就在眼前的"80后"》（《南方文坛》2004年第6期），《北京语言大学年鉴（2004）》（第58页），刘春《"文学史情结"笼罩下的诗坛命名——以"80后"为例》（《北京文学》2003年第10期），蒋原伦《"断裂"喧响中的先锋与传统》（《文艺研究》2000年第6期）等。

当代文学的转型与新创

文学史现象:"80 后"诞生于纸媒、重塑于网络及
文学生产力的巨大释放

从媒体/媒介视角看,"80 后"诞生于纸媒文学刊物,新概念作文大赛是在纸媒上进行并完成的,这使得《萌芽》这本纸媒刊物的发行量达到了史上最高点。最高发行量超过 50 万。这是进入新世纪后的一本纯文学刊物发行量有可能达到的天文数字了。即便在近年,青少年写作竞赛的模式已经无数次复制,但新概念作文大赛仍是目前为止全国同类赛事中号召力和影响力最大的,每年都有几万人报名参赛。无论如何,新概念作文大赛已经成为一个历史现象,一种独特的文学史现象了。[①]

新概念作文大赛及最早的"80 后"诞生于纸媒以后,很快就进入了新世纪。世纪之交正是传统媒体发生整体转型的时期,特别是随着互联网的迅速普及,文学媒介转型也成为一种大趋势。当时可能还不太能或不愿意预料,新的文学史流变正蓄势待发,即将成为一个新时代的文学新生态;或者说文学新生态的应运而生,宣告了一个新的文学史时代的开始。从 2003、2004 年开始,中国全面进入了网络新时代,博客从高端时尚转而成为普遍现象,网络写作渐成流行。"草根"由此成为不可遏制的巨大势力。从作家代际生成看,"80 后"是纸媒诞生的最后一代作家。此后,纸媒再也不能产生一代性的、一种整体代际现象的作家了。其实此前也没有。从未有过哪一本文学刊物,哪一个文学活动或哪一个时代,产生过一代作家的这种整体结构性的文学生态标志现象。同时,"80 后"显然又是互联网时代的第一代网络作家精英——他们是经由传统体制的纸媒文学刊物率先打造出来的一代新作家,这显然有别于第一代网络"草根"出身的作家(写作)。后者在新世纪早期仍遭遇明显的轻视,甚至可说是相当的漠视

---

① 2019 年 1 月,第二十一届新概念作文大赛报名人数逾 6 万。《萌芽》刊物近年的发行量还保持在近 10 万册。

和忽视。"草根"缺乏的正是最强大的体制力量的充分支持。也就是说,《萌芽》新概念系"80后"的文学江湖地位、文学史地位,首度诞生于纸媒后,经由互联网的二度塑造,最终奠定了文学史上再也无法撼动的作家代际性地位。从这个现象来说,文学史上是没有先例的,而且此后也不可能再出现。这是由纸媒和互联网的功能区别所决定的。与互联网相比,纸媒还是少数人的权力垄断型、社会分层性的文学平台,它是有人际关系圈子的,有社会阶层和文化权力阶层标识区隔的特定阶层社会。从客观上看,《萌芽》的市场当然是青少年人群、中小学校及相关的文学爱好者,年龄上它跟中老年人的关系相对疏离,空间上与其他一般社会人群也有明显距离。简言之,《萌芽》有特定的读者、文学范围。互联网则是对全社会的个体充分开放的一个无差别平台技术。所以纸媒能够塑造一代作家的特定景观,互联网的媒体特性则前提性决定了它完全没有这种可能性。在"80后"文学的诞生中,我们会发现,中国(纸媒)文学所特有的巨大的社会动员力量,可以不经过国家权力的直接操控或干预,也不经过直接、明显的商业推动、商业策划,更没有什么政治企图或目的。从客观上看,它的文学的社会动员力量所产生的全社会范围内的文学生产力的释放效果,已经完全无法想象。在新概念作文大赛之前,没有人能够预料青少年写作有这么大的文学和社会力量及影响力。一个刊物的写作赛事居然能够把全社会的青少年、青春文学写作生产力释放、提升到如此令人瞠目结舌的程度,而且开创了一个巨大的文化商业市场——毫不夸张地说,新概念作文大赛和"80后"文学的市场反响及商业成功,促使中国当代文学发展的生产机制变革以规模化、规范化方式进入制度性的市场经济轨道。这是"80后"文学生产的独特

当代文学的转型与新创

之功和历史性贡献。①

或许,"80后"文学诞生(包括明星作家的诞生)后的文学商业化早已被批评界甚至同代作家所诟病,但这并不主要是"80后"的问题。千万不要忘记,媒体、写作、文学和其他文化生产的市场化、商业化,并不完全始于"80后",早在1990年代中前期就发生了中国社会文化的体制机制和意识形态的转型,前文所举的人文精神讨论就是这个转型时代所激发的一场反拨、抗争性思想运动。所以,"80后"文学的市场和社会反应只是宏观时势的产物,只是媒体时代的常态现象,只是在文学生产的规模化、系统化方面策划、进行得比较成功而已。时势造英雄,曾经成为商业成功案例的"80后"文学及其明星作家现象,并不能说是"80后"的"罪过"。而更加明显的是,此后中国文学的市场操作机制,包括其中的商业化因素,早已普及、普遍成为一种模式或文学生产环节中的自觉设计了。对此也不能完全说成是一种商业化的"堕落"吧。

从文学史角度概言之,"80后"是由生产机制塑造成的,是中国社会发展、制度转型过程中的一个直接产物,是独特的、不可比的文学史作家代际生成现象,这是与此前特别是此后其他年代作家代际的根本性区别。也就是说,"80后"文学可以因此成为一个专有名词,或特定概念,有理论内涵和边界外延,可以对之进行文学史意义和价值上的全面而有效的阐释。而在文学生产的代际现象层面,所谓"60后""70后",及至"90后""00后"之类,并无、也不可能获得如"80后"文学的文学史生成内涵及体制机制的支持特征。

---

① 21世纪初,某次笔者和一个出版社社长见面,他说到该社签下的一位"80后"作家一年从该社获得的版税收入超过1000万元。这意味着这位作家一年的版税收入比一个出版社一年的总净利润还要多,那时的出版社一年利润也就几百万元。"80后"崛起的同时,出版社已经引入了市场机制、版权机制,就是所谓"知识产权机制",新世纪初的文学市场已经形成了一个新的文化产业—商业格局,"80后"作家无疑是其中的引领群体和重要一方。年轻一代的"80后"作家,别看还在遭受传统、正统批评家的某种冷嘲、冷遇,但他们已经跻身并占领了中国文学市场的最大部分了。以"80后"为代表和象征的文学生产力的释放,既代表了中国文学发展的上游,指向的则是中国文学的市场下游,就是消费者的市场,这种生产机制作用在"80后"作家诞生前基本上是不明确或不自觉的。

"80后"的挑战及其文学史独特性阐释

从上述现象中我们已经能看出"80后"在文学史上有了不可比拟的独特地位,那么,除了特定代际意义上的一代作家的诞生现象及其背后的文学生产机制作用、宏观上的文学生产力的巨大释放外,"80后"在文学内部的重要性、特殊性还有什么体现呢?

深入文学领域内部展开分析就会知道,"80后"意味的不仅是这个代际作家的数量及文学生产力的巨大体量,更深刻的是其性质或内涵。这可分三个层面来说。一是这一代作家在文学史上预示的价值观取向有重要变化了,文学价值流向的一种重要变迁已经发生。此前的各代作家在代际区别上可以说不具有文学史、文学价值观的观念断裂性,而"80后"的出现则具有鲜明的历史断裂性。或者也可以从积极面来说,"80后"是以断裂的方式跨越历史断裂的一代作家。为什么这样说?我们从一般文学经验上就能明白了。试问鲁迅,你心目中哪些是伟大的作家作品?他会告诉你,荷马与《荷马史诗》、但丁与《神曲》,以及莎士比亚、狄更斯、巴尔扎克、托尔斯泰、陀思妥耶夫斯基等一连串经典作家作品;中国的有屈原与《离骚》、司马迁与《史记》,以及杜甫、李白、曹雪芹之类。不太会有意外吧。再问后来的莫言、王安忆、余华、格非等,谁是伟大的作家?他们应该会把鲁迅说的经典家族谱系再说一遍,再加上后来的川端康成、马尔克斯等,当然,最后还得加上一个鲁迅。这意味着此前的所有代际作家都是以传统的经典作家作品为核心价值观,以传统的经典作品为核心建立了文学史的谱系,所以在文学史的价值观传统延续意义上,他们(各代作家)其实是同代作家——他们是有共同价值标准的文学共同体作家。文学史呈现出完全自洽的发展动力和形态,至少能很好地缝合自身历史所可能产生的裂隙,不至于伤害到自身的完整性、圆满性。到了"80后"横空出世就不一样了,"80后"是越出了这个经典文学传统的一代作家,尤其是在"80后"诞生之初,他们是山崩石裂冲天而起的孙猴子,越轨了一切的天条和规矩,唯我独尊。而且

当代文学的转型与新创

要注意,"80后"诞生于世纪之交,这个节点暗合了20世纪到21世纪的文化转换时刻,自然的时间交替隐含了文学的世纪之交——很快就进入了互联网新文明时代,首当其冲的"80后"最先受到了网络的重塑。经典文学传统为什么会渐趋衰微?原因或很简单,它不能通过互联网平台支持来进行传播和再生产;作为传统资源的经典文学在互联网时代遭遇了史无前例的"异己性"技术瓶颈限制。我们的日常阅读时间已经主要消耗在电子媒体的阅读上。纸媒阅读并没有消失,但有多少时间读纸媒?只是传统经典文学作品,能够从手机上电脑上阅读吗?互联网新媒体阅读有身体上的物理限制,作为唯物主义者的我们不能忘记人身是一个肉体,当我们的文化传播、文化生活出现一个严重挑战身体物理条件的情况时,必须考虑这个物理条件限制了什么。如果只能、必须通过纸媒阅读传统经典作品,也就是承认互联网剥夺了大部分或主要的经典文学传播的途径及时间,这就是传统文学史的延续所遭遇的身体(物理)限制、技术困难和现实障碍。稍后还将谈到,纸媒阅读和互联网阅读的区别会严重影响到文学价值观的构建。

不仅如此,在"80后"崛起的时刻,上述经典文学承传的困境还受到更广义的文化心理和社会氛围的影响,最显著的就是,作为"80后"崛起的对立面无疑就是既定的制度规范和价值秩序。在"80后"浮现之前并不很久,有过号称"断裂"调查的文学事件,① 虽然无果而终,但对既定权威的普遍性厌倦、攻击的倾向则十分明显。世纪之交文化转型、社会转型的需求和态势,使得经典文学价值观遭到冷遇也并不意外,何况在人的心性成长中,青春期正是反叛权威、"打死父亲"的年龄。

因历史"断裂"而自然形成的价值观的不同,必然代表了原有的文学秩序、权威、权力、利益开始受到崛起的新生力量的挑战和争夺。随着"80后"的强势崛起,文学代际的权利斗争出现了不同以往的面貌和性质的白热化局面。有个著名例子最足以说明这个问题的

---

① 朱文:《断裂:一份问卷和五十六份答卷》,《北京文学》1998年第10期。该刊同期发表了韩东的《备忘:有关"断裂"行为的问题回答》。

含义，就是韩白之争——发生在2006年的首届《萌芽》新概念作文大赛一等奖获奖者、也是最具标志性的"80后"作家韩寒与"50后"著名批评家白烨在网络平台展开的一场公开争论。白烨可以说是文学界里最早关注和评价"80后"的前代批评家，其褒贬意见都应属正常的现象。但不幸的是他因此遭到了"80后"韩寒的"宣战"，白烨的批评文章成为攻击的对象。结果可想而知。① 韩白之争是个象征，意味着新的代际势力兴起后需要抢夺现实权利的冲动和必要。形势比人强，社会和文化的转型正在发生，时代发展的趋向已经站在了年轻人一边，单从技术手段就可以看出，传统文学的力量在网络时代根本不是年轻人的对手。韩白之争的大势实在不是意外。我们必须想明白的是，文学权利的代际争夺和消长就此成为现实。这在以前从未发生过，也不可想象，现在则因为技术和市场的支持，"80后"甫入文学场域，就不惮和原来的文学权力阶层发生冲突了。对此，理性的评价就是力量的博弈，需要通过博弈达成新的平衡。

如前所说，中国当代文学体制内曾经有过一次发生在1990年代

---

① 韩白之争主要在新浪博客等网络媒体上展开。针对白烨2006年2月24日贴出的一篇评论"80后"文学的博客文章《"80后"的现状与未来》（原刊《长城》2005年第6期），其中说"80后""进入了市场，尚未进入文坛"，韩寒于3月2日在个人博客上发表了《文坛是个屁，谁都别装逼》，予以激烈反驳。白烨在接受记者采访时，将韩寒的粗口看作"80后"一代的素质低下，并在3月4日的博客上以《我的声明——回应韩寒》回应韩寒。当天韩寒即发表《有些人，话糙理不糙；有些人，话不糙人糙》；3月9日又连续发文抨击白烨，并将争论引到了个人道德方面。白烨不再回应，宣布将关闭自己的博客。3月10日，白烨在博客上贴出《白烨关闭博客告别辞》；次日，白烨博客作了"最后回应"。韩白之争过程中，双方各有支持者，相较而言，韩迷、韩粉的网络势力更显强大。而针对白烨的支持者，韩寒于3月14日、15日连发两文《对世界说，什么是光明和磊落》《文学群殴学术造假大结局，主要代表讲话》，予以回击。3月16日，韩寒再发《看韩寒如何反驳韩寒》，再次反击。新华网当日（3月16日）消息《一篇评论引发网上口水战　名人博客关闭》。其间其后韩寒与陆川、高晓松等的互怼则是这场论战的支流和余波了。

当代文学的转型与新创

的"造反夺权"运动,就是前面提到的"断裂"问卷调查①,结果是无疾而终。这样一批当时还不算是"主流"的作家,或者说他们还没有获得符合心理期待的权利、荣誉或地位,其实也是一批很出色的年轻作家——基本是1960年代出生的作家、诗人和批评家,就对既定文学秩序发起攻击。他们要跟谁断裂?似乎是跟现行的文学体制断裂。一切体制的标志物、象征物都成为断裂的对象。比如,如何看待中外文学、思想的权威?如何评价中国作家协会及鲁迅文学奖、茅盾文学奖之类?如何看待当时最有名的刊物如《读书》《收获》?多数回答是:它们是文学权利腐朽腐败的代表。凡是能够代表中国文学权利的符号,在"断裂"问卷调查里多被骂得一塌糊涂,或贬若无足轻重。但它为何无疾而终了呢?原因很简单,并没有新的社会力量、生产机制、市场机制足以支持新生文学力量的崛起,特别是这种新生文学力量并不代表一个时代新质文学的诞生,在文学代际、文学观念、文学史上,断裂者们其实还是对立面的同类和同道中人,还是(倚赖)现行文学生产体制的传统纸媒文学者。但"80后"不一样了,后者借助的是新媒体新市场。"80后"不需要宣言造反,新媒体本身就把纸媒的整个世界都掀翻掉了——这是一个时代的社会生产力的造反,并不是"80后"起来掀桌子。严格地说,这场变革不需要"80后"文学来引导,"80后"只不过借助这个时势,顺势而为成就了一个新的权利拥有者,这就是新的代际政治势力、代际权利群体的出现,而在以前的中国文学中没有这种突变搅局的势力和现象。

由此再深入一步,新的代际政治—权利的博弈格局的出现,又直接形成了文学生态内部的不同场域和权利群体的互动与整合。仅从"80后"崛起、代际权利争夺来看,"80后"或许更像是一个入侵

---

① 《断裂:一份问卷和五十六份答卷》的"附录一问卷说明"开宗明义:"这一代或一批作家出现的事实已不容争辩。"接下来是各段申述:"在有关他们的描绘和议论中存在着通常的误解乃至故意歪曲。同时,这一代作家的道路也到了这样一个关口,即,接受现有的文学秩序成为其中的一环,或是自断退路坚持不断革命和创新。""鉴于以上理由我提出这份问卷。我的问题是针对性的,针对现存文学秩序的各个方面以及有关象征符号。""通过对这些问题的回答将明确一代作家的基本立场及其形象。"

者。事实上,中国文学不能长久地拒绝"80后",即便只是从年龄上看,"80后"也已经是活生生的一种自然力量了。迟早必须得认可他。一旦认可,则意味着不同代际、不同观念、不同话语权的多元文学力量,在文学的广义场域内部形成了一个新的生态格局——"80后"获得主流权利认可后,中国当代文学的生态场域当然发生了变化。有两个例子最具象征性和说明性。其一是《人民文学》总第600期虽然没有明目标举"80后"实际却是"80后"文学的专期。① 当期所有作者中,只有个别作家是出生于1970年代末期,其他都是"80后"。这就是一种权利操作策略,或者说一种姿态,当然也是一种时势的呈现。文学国刊《人民文学》代表着传统的、正统的、主流的文学权利,按笔者的观点,它就是"国家文学"② 的地位及象征,可以说《人民文学》代表国家权力赋予"80后"文学以合法性,"80后"不应该是中国文学的异见甚或异己的力量,而应该是中国文学内部的有机组成力量。某种意义上,这也体现出了当代中国文学的一种精神气度和生命气象。另一例是郭敬明等首批"80后"作家加入了中国作家协会。③ 郭敬明的入会介绍人是王蒙和陈晓明。两个具有文学权力象征的人物,成了郭敬明加入中国作家协会的介绍人。"80后"华丽变身与现行体制的融合,在这一过程中显示无遗。这也说明了"80后"作家成势以后,中国当代文学生态的内部场域发生了变化,新的文学生产机制和观念终于发挥了主导性的作用。由此可以判

---

① 《人民文学》总第600期即2009年第8期。奇妙的是,当年正是《萌芽》新概念作文大赛举办10周年,也是《人民文学》创刊60周年。

② 国家文学主要是指受到国家权力直接或全面支配的文学生态,具有制度刚性规范和机制操作实践的特征。鉴于国家文学所指内涵及外延的复杂性和广泛性,应该说明这首先是一个描述性的概念,而非单纯的价值判断,需要实践和理论层面的深广阐释。参阅拙作《国家文学的想象和实践》(上海古籍出版社2007年版,与郭战涛合著)、《向着无穷之远》(吉林出版集团有限责任公司2009年版)、《文学批评的向度》(人民文学出版社2015年版)、《吴俊文学评论选》(江苏凤凰文艺出版社2017年版)中的相关文章。

③ 2007年9月24日,中国作家协会公布了新增的439名新会员名单,其中包括10位1980年后出生的年轻作家("80后"作家),10位"80后"作家是张悦然、郭敬明、蒋峰、胡坚、李傻傻、王虹虹、蒋盟、阿娜尔古丽、赵靓、李姗。郭敬明的获准入会,一度形成争议舆情。

断,当代中国文学体制、机制的整体性存在作用、现实影响力及整合性效力,不仅非常显著而且还具有决定性。技术、媒体、资本、市场利益的联手驱动,汇同了传统权利的组织概念,1990年代中国文学在辞旧、转型、中兴的连贯动作中迈入了新世纪的新媒体时代。今天对此的回顾探讨,发现一切都可追溯到1990年代末《萌芽》杂志的一场写作赛事策划。

"80后"文学的启示,或文学批评的反思

首先,从广义的社会文化视野看,"80后"现象是一种青年亚文化的表达。互联网时代所激发而流行的社会文化现象,最突出的或许就是青年亚文化的勃兴。① 这与互联网的主要使用人群和人口有关。后来流行的所有新媒体支持的新的文学、文化形态,其实都与青年亚文化相关,包括青春文学写作、类型小说,还有粉丝文化现象等,"80后"开启的是青年亚文化兴盛的阀门,一旦驱动,在可预见的将来,青年亚文化都会是社会潮流、时尚流向的一种主导性力量,其影响力已经无法准确预估。严格意义上的社会潮流性的青年亚文化现象,以前是很少有的;或者,青年亚文化需要由社会主流文化进行必要的引导、整合才能获得合法性。但从"80后"出现后,青年亚文化现象明显成为日常生活中的流行常态了。对于"90后""00后"的时尚来说,"80后"文学的引领作用十分显著。

其次,在文学写作层面,经典文学传统的衰微,包括新时期以来宏大文学叙事及相应的写作模式,已经被"80后"及其后的年轻人

---

① 参阅拙作《文学史的视角:新媒介·亚文化·80后——兼以《萌芽》新概念作文的个案为例》,《文艺争鸣》2009年第9期。最近10年来,有关"80后"文学及其与亚文化的关联性研究有了明显进展,证明之一是相关的研究生学位论文增多,另即研究论文发表增多,例如:郭艳的《代际与断裂——亚文化视域中的"80后"青春写作》(《中国现代文学研究丛刊》2011年第8期);江冰的《80后:青年亚文化的生成与影响》(《学术研究》2013年第9期)等。日本早稻田大学千野拓政教授对此也有更广视域的关注。

所抛弃，新兴的倾向是面向现实和当下或天马行空式的写作，这也可以理解为一种体现自我的写作文化。文学的这种面向在当今已经成为新媒体写作的大势了。其中的面向现实，不能再理解为传统意义上的现实主义了，① 某种程度上它面向的是架空了的日常世俗生活。包括新的类型化写作、类型文学，现今也是网络文学（阅读）的主流。这是最有吸引力和最繁荣的文学市场。今后的文学趣味和标准，很大程度上将依赖这样一个文学市场来定位，它会逼迫既定的文学观念发生变化。从纸媒到网络，新媒体已经在重塑我们的文学新时代，文学发展的变化趋势将由网络来参与引领——网络时代谈文学的引领作用，不能离开传播的支持，或者说，只有网络形式及所支持的内容才会是引领者，以致很难再单纯谈论纸媒的地位了。可以说，网络文学与纸媒文学不是同一种文学形态。

再次，"80后"出来以后，还改变了文学领域内批评与创作的一般关系。在新时期文学的历史上，文学批评与创作基本上是相辅相成甚至是同步的关系，在1980年代，批评理论往往是引领创作的，批评走在前面，引出或助成文学潮流。但是"80后"出现以后，既有的批评已经不能应对"80后"有效发言了——"80后"与既有的文学批评仿佛毫无关系，好比现在我们的学院批评能应对网络文学吗？显然很难。这至少有两种原因，一是我们看不起它，二是我们看不懂它。我们缺乏的是能够应对网络文学现状的资源、手段和理论。于是，理论的滞后、空转、不及物等，就从新世纪初开始尖锐地出现了。② 我们当时并没有意识到，"80后"的文学现实造成或彰显了批

---

① 参见李音：《文学与现实、乌托邦、异托邦：论中国当下小说的一种后现代状况》，《文艺报》2018年11月23日。新媒体时代的"现实"已经不再完全是纸媒时代的现实了——虚拟时空也是一种现实，也是真实的。传统的唯物主义的现实观需要经历新媒体文明的观念洗礼和更新。虽然这在当今应该不再难以理解，但仍需要专门阐述。

② 例如，从2002年8月中旬《人民文学》发起并主持的"首届中国青年作家批评家论坛"（第二届起与《南方文坛》共同主办）开始，李敬泽、张燕玲、李洱、谢有顺等作家、批评家，就在最初的几次论坛发言中对文坛现状提出了相关看法。李敬泽应该是最早对文学批评的"空转"问题提出批评意见的，并引发了论坛与会者的讨论。该论坛每年一届，笔者连续参加了最初的五届。

当代文学的转型与新创

评与创作的脱节,至少也是强化了这样一种脱节事实的严重程度。准确地说,是"80后"文学洞穿了批评的孱弱、保守和不合时宜。当时的文学批评还在原定的思维模式或惯性中思考自身面临的尴尬问题和困境。

最重要的还在于,我们从"80后"现象能看到、悟到的最重要的变化或启示是什么。回到宏观层面看,笔者认为是千年之变中的中国文学世纪之变①。依笔者对于改革开放历史意义的理解,改革开放是中国历史流变当中的最巨之变,甚或最大的质变。如果说此前中国与世界的联系多是被动的或不平等的,那么,改革开放后的中国就开始与世界建立起基于理性自觉和平等互动的利益攸关的关系。可以说是改革开放改变了中国社会发展的模式及大方向——中国特色社会主义市场经济主导了世界观、价值观的新创,终结了中国两千年历史的社会基本结构、基本观念,开创了中国道路的新时代。所以改革开放是中国的"千年之变",意味着中国的传统社会、传统观念、传统历史的当代转型。

那么,回看文学体制机制、生态格局及价值观的改革与流变,"80后"文学现象的出现和崛起,代表的显然就是中国的作家代际之变、文学审美观之变、文学生产机制之变,总而言之是传统之变和文学史之变——"80后"文学形成了与中国传统文学史的区别性特点。"80后"对于新时期文学40年和当代文学70年,都具有一种特定的说明性和阐释性价值。不过到目前为止,本文主要还只是说"80后"对文学史产生了明显的、客观的实际影响甚至冲击,是文学史的划时代标志性现象。至于在具体文学价值判断上,目前还不能急切地、简单地下断语。这一方面仍需要历史的观察、检验和判断,另一方面必须要结合网络语境才有可能获得评价的基本条件。

从对"80后"文学流变的历史观察、检验和判断来说,可以发现其自身内部的分合、交替从一开始就以显著的方式存在着,比如作家个体间的区别,包括韩寒和郭敬明的不同走向,张悦然与韩、郭的

---

① 参阅拙作《世纪末的千年之变》,原载《作家杂志》2000年第3期。该文谈及20—21世纪之交中国社会转型的意义及其对文学的影响。

异趣,尤其是张悦然,其此后的写作几乎已经新塑了自己作为"80后"第一代成名作家的形象,有人甚至将其视为"80后"回归文学传统的一个显例。而这并非孤例。与韩、郭、张基本同龄的双雪涛,则几乎迟了10年才成名,双雪涛的文学形象及观念表达从一开始就与经典传统更契合。从类似案例中我们需要思考的是,"80后"文学不是一个可以整体性本质化规定的概念或群体,而是一个内部有着相对歧义、复杂的文学趣味和价值观的作家代际群体。这种歧义和复杂性的存在及程度,应该与其他代际作家群并无不同;"80后"与传统的关系,也不完全就是取舍、亲疏、远近或分离、回归的路径,而更多体现的是转型时代文化权利博弈的现状,其中经典传统的力量和新兴生产力的文学力量,无疑是最巨大和显著的两股力量——正因如此,一般看来这两股力量就像是对立的力量,很多时候它们几乎就是对立关系。但历史地看,它们的关系实质应该是一种整体关系场域中的博弈方,共同构成了文学史演变的合力。但是,不要急于下结论,这种博弈还在进行中。首先是"80后"文学仍在演变中,一切都还没有达到基本的完成度。而且,对"80后"的重塑及文学流变的博弈早已经在网络环境中进行了。

宏观而论,网络技术、网络文学到现在为止,都还没有走到一个可以完全评价的时代。举一个例子说明为什么现在没有把握评价。2003、2004年,中国虚拟平台博客勃兴,大家都在博客上写东西。通俗而言,博客意味着每一个人都可以当作家,都有一个独立发表平台。现在到了自媒体时代、微信时代,互联网及其产品的技术形态不断变化,隔三岔五就出新花样,iPhone要出新,华为也要出新,互相竞争市场。而且新的技术产品对我们的文学表现形态如文体、格式、段落等都产生直接影响。内容表达或形式的改变必然作用于审美经验的形成,进而导致审美观、审美标准的变化。对于互联网(时代)的写作,如果仍用传统(纸媒)的批评眼光看待,显然不能充分应对这种新的文学样态和文学生态了,一定要建立新的文学批评审美系统和价值系统。我们是否有理由先验地预设一种抽象的绝对的文学(标准)存在呢?同时无视文学形式对于文学性质的改变?量变是否一定会导致质变?网络、纸媒或更早的绢帛、竹简、石头、青铜、甲骨时代的书写作品及文学会遭遇同样的问题吗？极端点说，口传文学和书写文学是一样的吗？常识会告诉我们，文学的性质、价值观与其呈现方式之间存在必然联系，我们的文学经验、审美经验、文学价值观就是这样具体形成的——绝不是通过抽象的方式形成的。文学媒介决定和改变的是文学的形态和生态，进而言之，媒介的改变一定会影响到文学的审美经验活动，最终改变文学的基本观念和评价标准。从媒介角度来看，新媒介的文学阅读和文学市场已经成为当下文学生活的重要方式，新媒介文学是当下最重要、最显著的文学现象和文学现实。中庸一点说，当下及今后也是传统的纸媒文学与新兴互联网文学的博弈时代。在这种情况下，互联网对于中国文学文化今后发展的挑战性以及利益攸关性，应该是我们人文学者需要关心的重要话题。这个问题的解决很难完全交给科学家去主导。问题的产生是源于技术，但问题本身却具有精神性内涵。技术发展带来了伦理问题、利益冲突问题，于是，精神如何超越或克服技术的屏障，达成新的人性复归、和谐与升华的形式及相应的生态，这就构成了真正的挑战。① 最终引领人性进步升华并成为其标志的，一定仍是精神价值的实现程度。我们可否预期终将在"80后"文学中看到这一切的实现？

　　对"80后"的这种可能的乐观或期待，某种程度上倒是建立在一种无奈、沮丧甚至悲观的基础之上的，因为"80后"文学本身所呈现出来的问题、对于"80后"的文学史评价问题，特别是将"80

---

① 2018年11月26日曝光的南方科技大学副教授贺建奎科研团队已经成功实现基因编辑"制造"新人的案例，是以极端方式证明的技术对于人伦底线的挑战或颠覆。也可以说，技术对于人类生活及发展的危险在此例中明确无疑。

后"置入或结合网络文学范畴来讨论,目前仍是严峻的学术挑战。① 首先要强调的是,鉴于网络的开放性及其对于生产力的空前解放程度,网络文学或所谓网文的复杂性、规模化一定是史无前例的。如果说前文已经质疑了有关文学本质的先验论,那么一般所谓的"网文垃圾论"在文学认识论、文学研究方法论上简直就不值一驳。重要和困难的问题是,网络语境使得包括"80后"文学在内的现象都更加复杂化和不确定了,"80后"文学在网络语境中的表现甚至很难将其视为一个统一性的代际写作现象或问题来讨论了——同代作家的不同程度已经分化严重到和年龄无关了。这才是我们文学研究面对"80后"时的窘况和困境。也可能因此才有观点提出应该将网络文学作为一种文学、文化生产的"业态"、产业现象和问题来讨论与研究。② 对眼下的文学专业研究来说,有关作家作品和现象的案例、包括"80后"文学批评,有关"80后"文学与新世纪文学新生态的生成及流变、包括文化生产研究等,都是亟须着手、非常值得期待诞生实际研究成果的。另外,包括以年龄代际的视野对于某些政治、社会、文化分类的作家身份或群体展开研究,也是一种可能的启发和路径。

---

① 李其纲《新概念作文大赛历史》(华东师范大学出版社2016年版)中收录的两篇拙作《"新概念"作文评阅印象》《"新概念"作文大赛的文学史地位》(网上查阅拙文,题为《新文学史的萌芽——写在"新概念作文大赛"十周年之际》),与本文主旨很切近。按照李著的排列,笔者在前文提到:"我认为从这些作品中也应该可以得出一个基本判断,若干年后的中国文学写作肯定不会再是当今主流文学的模样。这一点其实已在迅速崛起的'80后'写作中得到了印证。正是在这种意义上,'新概念'作文竞赛传递出的其实就是中国文学今后的征兆。"后文则对新概念作文大赛的文学史意义和地位有更直接、明确和肯定的评价,并提出了文学史意义上的"《萌芽》系作家"、亚文化/亚文学概念的可能性等。以此见出笔者对本文主题和相关问题的关心持续时间。

② 相关的参考文献、学术活动及研究并不少见,以个人近年所见所闻例举,可参见《文艺论坛》2018年第1期"网络文学研究"专栏文章;2018年11月下旬杭州师范大学举办了主题为"新媒介时代的文艺批评"的首届"西湖论坛",论坛汇集的论文颇多参考价值;还有北京大学邵燕君教授及其团队的长期研究成果,需要特别推荐关注,包括邵燕君主编的《破壁书:网络文化关键词》(生活·读书·新知三联书店2018年版)等。

"新中国文学70年"的几个文学史问题

一、文学70年的内部关系之问

当我们近年间持续讨论新中国文学70年——包括使用中国当代文学70年这种措辞或概念时，其实就是在默认一个事实，默认一种文学史的特定阶段/代际区分概念的使用方法的合理性——我们是沿用了古代文学史的常规分期方法、按照传统的"朝代分期"来作为中国当代文学的历史分期的标准。在此意义及使用方式上，新中国文学70年无疑和两汉文学、唐代文学等归属同样的文学史分期概念范畴。也就是说，我们仍然是按照国家权力正统形式的一般谱系来作为某个时代的文学史划分依据或标志。这本身并没什么问题，对于中国古代文学的历代分期标准或约定俗成的划分做法并没有颠覆性的质疑。但从文学史研究的学术层面说，这种划分或命名实际上同时提出了一个要求，哪怕是潜在的暗示性的学术要求，即新中国文学（当代文学）70年的文学史区别性标志或特征是什么？作为一个相对独立的文学史阶段，新中国文学70年形成了哪些新的文学史现象和问题？70年文学的内部构造和关系又如何？这类问题或要求，隐含的是对70年文学史成立与否及相关研究的一种学术规范性诉求，即使在约定俗成的使用中，也需要有一种确定性的基本共识，至少提供一种能够具备概括70年文学史的特定性质或面貌的理论概念及相关研究方法、路径的思考逻辑。换言之，要有一种关于新中国文学70年的文学史定位和定性。

　　这种区别性特征的概括或曰文学史的定位定性，在学术实践中的解决可谓难易两说。从难者说，问题牵涉太广，不易笼统说清，且非长篇大论不可；而就易者言，最大的问题也可以一言以蔽之，至少"新中国"三字已经将这70年文学定位定性了，所有一切都可以围绕着它说。但文学史研究的学术展开和落实毕竟不能如此就易避难，还得面对和解决一些实际问题和难点，尤其是一些专业性、基础性的特定问题和难点。先从比较明了的现象说起，看能发现什么可供进一步探讨的疑问。

　　比如，按照国家权力政治或制度性规范来相对区分新中国文学70年的内部阶段的话，与当下关系最密切也最被认可且流行的一种说法（甚至已经成为一种概念）是其中的改革开放40年文学。这一概念源自或承袭了最初的新时期文学的概念，其合法性可谓天然的不证自明，是由"新时期"的确立来获得保证的。那么，我们来看在这40年改革开放文学的历史关系中，曾经惯用的、现在仍具文学史地位的新时期文学占据了多少历史份额呢？简单说，新时期文学结束于何时？由此，新时期文学与改革开放文学构成什么关系？当我们依据国家权力政治合法性划分文学史阶段时，必须遵循同样的逻辑给出其中的政治—文学的关系依据。所以，即便是在改革开放40年文学中，以新时期文学的认知，至少可以将这40年分析、细分出三种文学史阶段的概念，即新时期、新时期后、改革开放40年。其中新时期后阶段的文学史概念至今并无共识认同的命名，这主要是因为新时期文学的结束时间尚属暧昧模糊，未便真正确定。

　　再来看改革开放40年前的30年文学，问题更棘手了。其中，所谓"十七年"文学起初并不是一个严格意义上的文学史概念，[①] 它主要是相对于后来的，也用于区别后来的"文革"文学而使用并确定的

---

① 相关资料可参见金光耀：《"十七年"：不同时代的不同叙述和记忆》，《史林》2011年第1期；於可训：《当代文学：建构与阐释》，武汉大学出版社2005年版；李云：《重返现场："十七年文艺"的建构》，《海南师范大学学报》（社会科学版）2014年第3期；罗长青：《"十七年文学"概念源起及其研究的合理性问题》，《南方文坛》2018年第4期。感谢博士生周洲帮助核查相关资料。

一个说法，那么"十七年"文学的暧昧性和复杂性就出现了——它原本只是一个时间、时段所指，使用中虽有其政治目的，但并不是一个企图以政治特点定性的文学史概念，只是最初又确与"文革"文学/文艺对用而凸显出了自身所处的政治性语境——相比之下，"文革"文学则始终就是一个特征相对鲜明、使用相对统一的文学史概念命名。如此，如何理顺"十七年"文学与"文革"文学的政治逻辑？先前一度以为理顺并明确了，但现在看远非如此。以往袭用"十七年"文学一说，严格来说在文学史概念上就是个顾及政治因素的权宜之计，但近年来这个权宜之计已经遭遇了挑战——政治是需要明确立场的。好像一时胶着无解，只能姑避之。

改革开放前30年文学的内部关系还有个大问题。"十七年"文学、"文革"文学之后，新时期文学、改革开放文学之前，这两年略多的一个时段，将其置于（哪怕是附属于）何种文学史阶段呢？如果是长时段的文学史区分，有理由忽略这个问题，但是如此之短的文学史阶段区分，形同文学批评范畴的现象，就有必要正视这个问题了。当然，我们也经常将这两年多忽略不计，直接就把1976年10月的"文革"结束接续到新时期的开始。严格说这其实有点误解，甚或是个严重的错误——不仅因为新时期是个源自十一届三中全会的特定的政治概念，并非文学概念，而且更重要的是，中共中央是在1977年8月的中共十一大上正式宣布"文革"结束，但"文革"本身并未因此被全面否定，甚或仍获得了一定的正面肯定。所以，粗率地认为新时期起于1976年10月的观念及使用应该是极不妥当的。笔者想强调的是政治转换期对于中国文学和文学史研究的特殊重要性。因为政治转换期往往会使研究者自然而又不自觉地引入特殊性或变量性的文学标准，从而导致文学评价的特殊性或不确定性的结果。1976—1978年，前接"文革"，后连新时期，政治视野中的文学史迥然有别，怎么办？这是需要学术策略予以面对、处理和解决的。策略或许并非一种，关键是解释具体问题的有效性及逻辑理论性。①

稍作归纳可知，在新中国文学70年的文学史认知中，不仅有前30年与后40年如何衔接的问题，还有各自时段中的内部逻辑关联问题，这些问题既需要学术规范探讨，更需要一种政治性方案的思考，否则学术逻辑也很难兼顾全面或贯彻到底。至于曾经众说纷纭的一些问题，如当代文学是否适宜写史之类，现在看其实本不该有啥疑问的，最早古人对于《史记》的态度就已经给出了答案——哪怕《今上本纪》《孝武本纪》并非司马迁所撰。可见，当代文学可否写史实在是个不是问题的问题。②之所以又成为问题，主因或许是畏难避祸、殷鉴不远的考虑吧。

二、文学70年的制度性之问——所谓国家文学

国家文学是笔者十几年前就提出的一个概念，③最近仍有文章使用这一概念。笔者将中国当代文学命名为国家文学或国家文艺，这是对当代文学的制度性（主要是政治性和结构性）特点的概括。何为国家文学？简言之，在国家和社会的基本制度设计及规定上，必须直接或主要受制于国家权力支配、以国家权力资源为基础和主导的文学，包括文学生产过程、文学评价机制、文学生态系统等，就可界定为是一般或典型意义上的国家文学。国家文学的要义和关键在于国家权力

---

① 早已有研究者注意到周扬、刘锡诚等对于新时期文学/文艺说法的最早提出、使用时间及相应观点。近年看到的最新文章有黄平、叶杨莉《四次文代会之前的新时期文坛》（《文艺争鸣》2019年第1期）一文，黄平对于新时期文学的源起时间、概念使用、诸多相关现象或标志事件等，均有考论及观点，可资参阅。迄今有关新时期文学起源时间的立论尚不能消除笔者的上述提问。

② 笔者在两篇近作中也约略触及这个问题，参见拙作《登高临深，不可为而为之——关于中国当代文学批评史的研究及史著撰写答问》，《新文学评论》2019年第2期；《新世纪文学批评——从史料学转向谈起》，《小说评论》2019年第4期。

③ 参见吴俊、郭战涛：《国家文学的想象和实践》，上海古籍出版社2007年版。最近十来年笔者对于这个概念及相关研究的文章仍在进行及发表中，正待深入和完善。

当代文学的转型与新创

在理论上和实践中都拥有且行使着对于文学的全部合法性的主宰权。这也就可以从国家政治赋予新中国文学的意识形态的核心内涵上来理解。在具体文学研究中，这个概念是从当代文学（批评）所处的社会宏观生态生发概括而成，着眼于整体性考察的立论，并不含括全部可能存在的个案甚至例外；同时，它实际也是一种对于当代文学的结构性生态特征描述，并不一定完全牵涉或指向价值判断。简言之，国家文学主要是一个倾向于制度层面特征的、主旨不在价值判断的用于宏观现象描述、基本逻辑分析和文学史框架认知的学术概念。[1]

如前所述，国家文学是对中国当代文学的一种制度性特点概括，也就是一种政治性定位。由此可以明白，制度的强制性和价值观、价值取向的政治性或意识形态性，是当代文学最为鲜明的规范性框架或约束，许多时候这是需要强调的"底线"。这甚至使得"政治决定论"成为文学生产和评价的一种常态，有着不证自明的合理性。尤其是在文学批评方面，多数重要的文学批评（包括有影响的个案、批评思潮等）都内含文学和政治的自觉对话结构——政治或是源起驱动力，或成为批评活动的归结要素，或是强力介入干预、发挥导向作用的力量，或是决定过程规模、现象性质、奖惩赏罚的幕后操纵者。这种文学与政治的基本结构及表现形式、内容特质，已经内化为当代文学批评的一种本能性格，或称"内生性格"[2]。这一认识即国家文学的观念及其理论展开，对笔者的研究逻辑的建立和研究路径的选择有决定性作用。

稍作展开，我们可以了解，新中国文学 70 年的起点是与国家权力对于中国文学的制度化建设包括规范和制约同步的。较早就有学者

---

[1] 参见拙作《登高临深，不可为而为之——关于中国当代文学批评史的研究及史著撰写答问》，《新文学评论》2019 年第 2 期。较早另见吴俊、李音：《文学·批评·制度——就"当代文学批评史"研究访谈吴俊教授》，《当代文坛》2018 年第 5 期。

[2] 参见拙作《登高临深，不可为而为之——关于中国当代文学批评史的研究及史著撰写答问》，《新文学评论》2019 年第 2 期。

对第一次全国文代会的文学史及制度建设意义做过专门研究,① 笔者以前也对这一文学制度化的相关现象及进程做过探讨。② 最近几年间关于第一次文代会的史料发现及研究,③ 更加进一步夯实了有关文学制度化建设的史实及立论。我们可以确认,政治视野中的中国当代文学,或者说新中国文学,从一开始就已经被设计为一种以严密的组织性为特征的制度化文学结构及生态。鼎革伊始的国家权力在意识形态制度建设中,有效地实现了对于歧义多元甚至矛盾对立的价值利益倾向的强制性整合和规范性一致,建立并突出了新中国国家意识形态的主流价值观地位。哪怕在社会意识形态上并不可能完全消除歧义现象的出现或存在,但文学政治的制度化建设,包括生产资源供给与配置,组织机构的布置与掌控,评价奖惩的实施与引导,文学传播与再生产的范围、程度、规模及其他种种可能性等,都在制度和机制上合法保证了国家权力对于文学及其生产全过程的制约、支配和主宰。可

---

① 如王本朝:《第一次文代会与中国当代文学的发生》,《广东社会科学》2008 年第 4 期。王本朝、张均教授还各有关于中国当代文学制度研究的专著,此处不做赘述。丁帆教授近年也主持承担、完成了国家社科基金重大项目并完成专著《中国现当代文学制度史》)。

② 如拙作《〈人民文学〉与"国家文学"——关于中国当代文学的制度设计》,《扬子江评论》2007 年第 1 期;《文学的政治:国家、启蒙、个人——关于近代以来中国文学的三种话语方式或权利诉求》,《南方文坛》2008 年第 6 期;《文学的权利博弈:国家文学与文学批评》,《当代作家评论》2011 年第 2 期;《批评史、文学史和制度研究——当代文学批评研究的若干问题》,《当代作家评论》2012 年第 4 期等。

③ 中国现代文学馆王秀涛研究员对此的贡献最为突出,参见王秀涛:《第一次文代会档案(一)》,《中国现代文学研究丛刊》2017 年第 2 期;王秀涛:《第一次文代会档案(二)》,《中国现代文学研究丛刊》2017 年第 4 期;王秀涛:《第一次文代会的几则提案》,《南方文坛》2018 年第 1 期;王秀涛:《第一次文代会代表的产生》,《扬子江评论》2018 年第 2 期;王秀涛:《文艺的转向:第一次文代会"艺术展览会"考论》,《文艺争鸣》2018 年第 2 期;王秀涛:《"新的人民的文艺"的示范——第一次文代会招待演出考论》,《文艺研究》2018 年第 7 期;王秀涛:《第一次文代会与文联的成立》,《文艺争鸣》2019 年第 3 期等。另有斯炎伟:《全国第一次文代会与新中国文学体制的建构》,人民文学出版社 2008 年版;斯炎伟:《全国第一次文代会的顶层设计及其领导机制》,《当代作家评论》2019 年第 3 期等。

当代文学的转型与新创

以说,新中国文学是一种典型意义上的国家文学形态。新中国文学70年就是国家文学实践与建设的70年。其实,这一观点并不特殊,倒应该是常识——国家文学正是新中国的国家性质、国家权力体制乃至经济制度、社会改造和建设规划在意识形态、文化文学领域里的一种对应形态或制度设计。某种程度上最初也借鉴了苏联社会主义制度进行种种中国化建设和发展。

不过,与根本性、结构性的国家文学制度约束和规范相比,更显复杂的恐怕是国家文学制度下的中国文学表现出的"逾制"或"出轨"问题。新中国文学在政治上显然有着宏观的刚性规定,包括需求、供给与支持,但这种宏观的刚性规定并不可能完全落到所有细节实处,政治对文学、权力对社会并不能完全做到全覆盖,制度与其规约下的文学社会仍有明显甚至巨大或众多的疏离、脱节、断裂。也就是说,事实上并不能消除"逾制"或"出轨"的文学个案可能发生的空间,甚至,"逾制"或"出轨"还会是一种常态表现,并且这种情形还几乎一时甚至长期无解。这就使得国家文学制度本身需要在实践中完善,特别是要认识到自身的种种有限性。

反过来说,文学和社会包括其中的个体,对于政治和权力的认知、互动与合作的动机、态度、方法等,也是决定两者关系的制约性因素。常见的情况是冲突起源于政治刚需、不妥协的利益对抗、偶然的或个体的策略性失误等,这需要一时代的文学表达在观念、制度、行规上进行自我的意识形态和性格的调适,毕竟文学并非一成不变,有所顺应、弹性的文学才能生存、发展和壮大。尤其从长时段的历史来看,不确定性的动态恰是文学流变的常态,这不仅见于文学的技术形态,而且也在文学的意识形态上有充分的反映。就此而言,种种所谓"逾制""出轨"的问题及应对策略,应该就是新中国文学70年积累下的经验或教训的一部分。从文学史的观察或研究视角看,对于"逾制""出轨"的定性和处理,都有一定的程序环节和步骤落实,最初一般是政治定性,组织处理到人。在这种模式下,前者有可能因思想的政治定性的示范性而导致意识形态固化、僵化、封闭的教条主义,不仅削弱思想创新的动力,甚至形成思想的保守、迟滞氛围;后者则会因针对被动个体的处置轻重失当,或伤及无辜,无形中陷人入坑，造成身份歧视，产生扩散则形成紧张的人际关系和社会影响。可以说后来"文革"的破产就与极端化政治所导致的系统性、整体性的社会治理失败有关。如果一个社会的政治和文化的更新、再生产能力，特别是源于人的自觉、自由意志而发展、提升社会文明水平的价值创造能力趋于枯萎和丧失，最终受伤承受代价的一定是社会制度本身，是全社会的整体利益。不仅所谓的发展、进步和繁荣难以为继，甚至任何制度化建设都会无济于事。

经历了改革开放，我们尤其深切地认识到，现在面临的难点还是相近的。在国家文学的制度设计下，文学已经获得了多重权利，甚至是特权（地位），当然在宏观上也被充分地政治化，被赋予了政治意识形态的功能，那又该如何理解、看待文学个案、个别现象或问题的政治性？判断文学个案、个别现象或问题是否"逾制""出轨"及其程度，应该是最需要谨慎把握的关键，是国家文学制度下有关文学个案、个体权利的最大的政治举措。如笔者曾经多次强调，文学制度研究的重点主要在于制度实践研究。只有在制度实践中，才能明白制度本身的问题或实质，才能理解制度中的确切政治含义及制度具体实践者的政治道德和人格人品，才能明白制度设计与人的具体关系。制度实践是决定新中国文学走向的实际环节，也是新中国文学面貌呈现的真实过程。

新世纪以来，原有的难点尚未完全消除，新问题已经产生，这就是网络新媒体时代的新挑战。扼要地说，新媒体所形成的权利分化与重组现象，挑战了既有的文学制度的权利结构，但国家文学的性质、功能并不因此改变。结论就是，如何完善、改革乃至重建文学制度的结构方式，如何开拓文学发展的技术路径，特别是如何重新定义、认识文学的观念、美学原则、一般审美经验等，就成为一种系统性的问题。① 说到底，既有的路径依赖已被证明有害且此路不通。目前的问题主要不是对文学的挑战，而是文学制度所面临的具体挑战。大约是从2014年浙江省作家协会率先成立网络文学作家协会，2017年中国

---

① 参见拙作《新媒体语境与"文学史的终结"》，《文艺研究》2016年第6期。

作家协会网络文学中心成立，迄今已有近20个省级组织的网络作家协会或类似机构、团体相继建立。其具体活动或职能包括网络作家联络服务，网络文学研究评论，网络政策管理引导，文学网站、社团组织及网络文学工作的沟通和联络等，也有对于文学网站违规违法的清理和惩处。这也就是在回应新中国文学、国家文学制度在现实挑战面前何以为继的问题。宏观面上的国家和社会治理能力的提升问题，在文学制度及其实践上也都早有体现和落实。

三、尾声叠加引子：新时期文学与当代文学的历史关联处

改革开放40年文学始于新时期文学。如前所述，这种概念区分明显含有一种"暧昧"——悬置了对于1976年后两年文学的定位，而这种定位不仅是一种文学的尴尬，更像是一种政治的尴尬，从历史语境看尤其如此，因为这个时段既非"文革"，也未进入新时期，可能一直还找不到一种确切的命名吧。但新时期文学与当代文学的历史关联性或许就从这个暧昧的缝隙中获得了一种探讨的可能性，可以由此进入文学史的整体视野中。从这里能够贯通当代文学史的研究，将1976—1978年视为一种特殊的叠加——前30年文学的尾声，后40年文学的引子。不同于历史"过渡"阶段的概念定位——"过渡"显然是一种边缘化、次等地位的设定或认知，难以彰显这一时段的对象主体的重要性和特殊性。只有尾声叠加了引子的历史定位，才能使这段看似薄弱的环节获得坚固的历史焊接——既彰显其历史特殊性，同时将其置入70年的历史范畴中，在长时段历史中消化、融解其中的断裂或路障。尤其是由此发现新时期文学与当代文学的历史关联性——相比于尾声，引子的重要性更值得关注。也就是须从40年的引子或当代70年的历史范畴才能更加看清最近的40年。这从一些具体的文学（史）生产要素来看尤为分明。

最重要的个案莫过于文学国刊《人民文学》的复刊。笔者以前专

门撰文讨论过这个问题,① 主要资料是新挖掘面世、出版的施燕平日记等复刊时期《人民文学》老人留下的各种文字。②《人民文学》是当代文学制度设计中的最高文学标杆及发表平台,也是文学界的政治风向标,当然也不失为各种利害纠葛的是非漩涡,可谓高处不胜寒。《人民文学》的复刊事宜几年间曲折酝酿了多次,终于在1975年形成定议,复刊也称创刊号,定于1976年1月出版。《人民文学》复刊的历史(象征)意义在于,它既是"文革"政治的文学产物,从后来的历史看,它又是贯通"十七年"文学—"文革"文学—新时期文学,乃至整个新中国文学70年(当然包括改革开放40年文学)的国家文学(制度)标志物。对类似历史现象我们今天尤应有一种整体性的理解,偏执立论并不可取,有碍于合情合理的历史认知与判断。《人民文学》复刊后不到一年,国内政治就发生了巨大转变,"文革"结束,拨乱反正成为主流。种种变化毋庸具述,但作为文学国刊的《人民文学》的地位并无任何变化,依旧引领了几乎整个1980年代的中国文学走向和潮流。在十一届三中全会宣告新时期正式开始之前的1977—1978年,《人民文学》实际上已经开启了新时期文学的先声。有几个著名案例已经留在文学史上了,一是刘心武小说《班主任》的发表(《人民文学》1977年11月第11期);二是《人民文学》编辑部几乎同时召开的短篇小说创作座谈会(1977年10月);三是《人民文学》1978年第10期发布"本刊举办一九七八年全国优秀短篇小说评选启事"(评选出的25篇作品于次年3月颁奖)。在大多数文学史叙述中,这三例都被当作新时期文学早期的标志性现象,但细致考察并不完全如此。连同《人民文学》的复刊及复刊首期蒋子龙小说

---

① 最早发表的拙作大概是《关于〈人民文学〉的复刊》,《当代作家评论》2004年第2期。
② 如施燕平:《尘封岁月》,华东师范大学出版社2014年版;施燕平:《〈人民文学〉复刊和编辑日记》,新地文化艺术有限公司2015年版;涂光群:《五十年文坛亲历记》(上、下),辽宁教育出版社2005年版等。

《机电局长的一天》①等，这段以尾声叠加引子为特色的文学史时段无疑更显出了独一无二的重要性。

不仅如此，1977—1978年间的重要文学案例几乎都在证明着文学史的进程已经处在了一种变局、转折的突破状态中。从国家宏观形势看，揭批"四人帮"自是头等政治，同时四个现代化建设也已经成为基本国策和国家发展主旋律——对照"文革"时代，国家政治重心显然发生了历史性转变。当然这并不意味着制度设计的意识形态就此掉头转向或改弦更张，直到1979年的《为文艺正名——驳"文艺是阶级斗争的工具"说》（《上海文学》1979年第4期）发表后，有关文学的政治属性、功能和主体地位的认知与判断分歧、观点立场争鸣还在长时间持续着。②但是文学新气象已经不可阻挡地形成了普遍性的气候。作为"文革"后最早的文学潮流命名的小说《伤痕》发表于《文汇报》1978年8月11日，③当年年初还有似乎并不具有鲜明政治功利性的形象思维讨论，④而最著名的作品其实是《哥德巴赫猜想》（徐迟，《人民文学》1978年1月第1期）。在这一切之上，最重要的政治风向转变信号则是关于真理标准问题的大讨论，⑤这场讨论从

---

① 除前引拙作《关于〈人民文学〉的复刊》外，另参见拙作《〈人民文学〉的创刊和复刊》，《南方文坛》2004年第6期；《环绕文学的政治博弈——〈机电局长的一天〉风波始末》，《当代作家评论》2004年第6期；《施燕平〈《人民文学》复刊和编辑日记〉札记（三）》，《当代作家评论》2016年第3期；相关文章近年还有张自春的《1972年〈人民文学〉的复刊尝试与〈理想之歌〉的生成》（《中国现代文学研究丛刊》2017年第11期）等。

② 《上海文学》以"关于《为文艺正名》的讨论"为总题，从1979年第6期起连续刊发了多篇讨论文章。其他如《福建文艺》《长江文艺》等刊物也都在当年以这一主题刊发了讨论、争鸣文章。

③ 《伤痕》的发表情况可参见孙小琪《我推荐小说〈伤痕〉发表前后》，《世纪》杂志2018年第5期。

④ 这场文艺形象思维的讨论，缘起于《人民日报》1977年12月、《诗刊》1978年第1期刊发了毛泽东给陈毅谈诗的一封信，提出了形象思维问题，随即开始了全国范围的大规模讨论。

⑤ 1978年5月10日，中共中央党校内刊《理论动态》第60期刊发了《实践是检验真理的唯一标准》一文；5月11日，《光明日报》以本报特约评论员署名转发了该文；新华社当天转发；次日，《人民日报》《解放军报》同时转载。关于真理标准问题的大讨论由此席卷全国。

1978年开始,直到十一届三中全会后,仍未完全结束,但结局从一开始就已经定了。再来看这一时期同时相伴的揭批"四人帮"的政治运动,政治批判的模式并不出意外,值得注意的倒是作为副产品的"文学平反"作品,多数是曾经"黑线专政"的"十七年"文学,这使得1976—1977年开始的平反旧作实际上成为"文革"后中国文学接续"十七年"文学的一种文学史行为,1979年《重放的鲜花》的出版标志其达到了高峰。再从1977—1978年往前略加追溯的话,"文革"后期的文学复苏也是在为文学史的承续预设、准备了新的文学人力资源——并且在某种意义上,所谓工农兵业余作者的身份强调,固然有突出政治的特定意图,但对于挖掘、提升社会层面的文学资源,借助政治正确的宗旨客观上弥合文化资本(身份)差别的目的,也有一定程度的达成。比如在上海出版的《朝霞》丛刊、杂志①的作者中,就有一批成名于新时期文学、有些迄今仍在活跃的作家,他们可以说是新中国文学70年后半段、贯穿改革开放文学40年的出身"文革"文学的作家,其中包括陆天明、张重光、菡子、黄蓓佳、梅子涵、刘心武、古华、朱金晨、孙绍振、刘登翰等,相形之下更加典型、当时也更加有名的工农兵作家则有胡万春、仇学宝、段瑞夏等,包括《朝霞》的编辑和领导之一的施燕平等。

真正结束这段尾声叠加引子的特殊时段文学史的划时代事件,政治上当然要算十一届三中全会,文学领域则是1979年10月的第四次文代会。此后就像是一种惯性发展了,整个1980年代就像政治和文学的蜜月旅行。那么,这段文学史的枢纽——连接并贯穿了"十七年"文学、"文革"文学和新时期文学、改革开放文学——是否就是1977—1978年呢?

---

① 广义的"文革"《朝霞》一般包括上海文艺丛刊、《朝霞》丛刊、《朝霞》月刊三种。近年有当事人依据一手史料的详细记述,可参见施燕平:《尘封岁月》中的第三部分"忆《朝霞》,聚散沉浮"。在海外出版的徐景贤、陈冀德回忆录等均有涉及。

四、当代文学史、批评史的可能性

为当代写史立传、命名、推动其经典化等的冲动或相关企图，现今已因其太常见而失去了讨论的特殊性。但在新时期文学早期，乃至1980年代及迄今的某些时候，因为特定缘由也曾兴起过几次有关当代写史问题的争议或讨论，只是有时并不直接以写史的名义提出或出现。比如新世纪文学一说的提出，① 看似不是以为当代文学写史为目的或动机，但将新世纪文学作为一种文学史概念而非单纯的某一客观时间范畴里的文学，则这样一种命名实质上含有了当代文学史书写的性质——新世纪文学是一种特定性质的文学，而非单纯时间意义上的文学现象。可见，所谓当代文学史及相关研究意图其实一直存在着。时至今日，该不该、能不能写当代文学史的问题，早就主要转成了这样两个关联问题：如何写当代文学史？当代文学史写作中面临和需要克服的问题、困难有哪些？

最近20年左右的动向是，随着当代文学时间长度的增加，为当代文学写史越来越成为一件理所当然的事，而且，对于当代文学史的学术要求也越来越高了。在此意义上，有些当代文学研究现象得到聚焦而成为当代文学史研究范畴的题中之义，最突出的就是当代文学研究

---

① 2005年，沈阳师范大学中国文化与文学研究所与《文艺争鸣》杂志联合召开了"文学新世纪与新世纪文学五年"研讨会。较早的代表性学者和论文有：张未民：《开展"新世纪文学"研究》，《文艺争鸣》2006年第1期；张未民：《中国文学的"时间"——关于"新世纪文学"论述的一个逻辑起点》，《南方文坛》2006年第5期；张未民：《新世纪文学的发展特征》，《绵阳师范学院学报》2006年第6期；雷达：《论"新世纪文学"——我为什么主张"新世纪文学"的提法》，《文艺争鸣》2007年第2期；张未民：《中国"新现代性"与新世纪文学的兴起》，《文艺争鸣》2008年第2期。稍后的2013年，中国中外文艺理论学会与《文学评论》杂志社等联合举办了"新世纪文学研究的新视野、新问题与新方法"全国学术研讨会。新世纪文学就有了文学史意义特指和只是一般意义的时间阶段所指的两种含义及用法。

中的史料学转向。① 在笔者近十几年的研究中，既有对所谓史料学转向的具体学术表达，也有特定的当代文学史研究和撰述的具体尝试——如果文学史是一种包容性的概念，则文学批评史就在其中，这里特指的是当代文学批评史。显然，当代文学史、当代文学批评史等，都有了理论想象和实践落实的条件。此时此刻，十分令人担心的倒是，如果写史成为一种广泛性的关注，或成为一种显学，恐怕也是文学史生产的"泡沫经济"时刻来到了。前车之鉴其实很明显，就是中国现代文学史的巨大泡沫化生产。当代文学史虽然还未到现代文学史的生产数量，但可以预期的是，今后最大量的文学史生产恐怕就会是当代文学史。

我们或许还应考虑或警惕一下当代文学史生产的规模问题，也就是对于当代文学史生产的需求要有所探讨。我们需要的是怎样的当代文学史，包括当代文学批评史之类？

现代文学史生产曾经出现过的泡沫化现象，也或一大问题和教训是，文学史著多数是同质化的重复产出。粗略地说，史著之间大多只有体量详略之差，而少甚至没有基本的质量高下、思想（观念、方法）新旧之别，也就是史著之间甚少体现出材料、方法、观点上的重要区别。区别性特征不明显的学术生产，实际上就是重复性、复制性生产。当代文学史的生产在这一问题或陷阱面前可能多少拥有一点先天的有利条件或免疫力，因为当代文学生产本身就有着不确定性的特点，即便在最基本的材料选用上，当代文学史研究也有很大的自由度，甚至还可能自由到随意性的程度。这就使得立论的随意性和方法的强制性问题很容易出现。对此需要高度自觉重视的就是学术研究的规范性意识，需要考虑文学史研究的理论自洽性、逻辑系统性和整体统一性的问题。如果说现代文学史的泡沫现象主要是因为同质化、机械性的重复生产，当代文学史很可能会体现为随心所欲、自说自话的学术失范，看似各不相同，实则逻辑混乱或缺失，漏洞百出；或是理论先行，为我所用，只顾一点而不及其他，名为治史，实则还是一种

---

① 参见拙作《新世纪文学批评：从史料学转向谈起》，《小说评论》2019年第4期。

有限的文学批评而已。因此，当代文学史研究的难度首先恐怕就在如何控制文学批评的激情以及激情下的个性泛滥和自由惯性。否则，虽然泡沫化的具体起因并不相同，但当代文学史生产的泡沫现象也会紧随着不久前的现代文学史泡沫接踵而至，即泡沫化生产的实质并无改变。

如果说上述这种情况可以视为学术的失范、失控所造成的泡沫化之弊，那么来自学科的完善和建设需求的专业性利益动力，也可能同样会在无形中失控，造成当代文学史生产的泡沫。很难用数据来统计和证明究竟是哪个学科的泡沫化现象最为严重，但从一般学科经验来做大致的判断，也能基本近于事实。考虑到学科发展的历史，在中文学科内部，一般古代学科的历史化、史学化建设体系已经完成，比如中国古代文学史等，这些学科的泡沫化生产即便发生过，也是在过去，如果没有强烈的意识形态需求和权力干预、诱导，学科内部应该不会产生通过大规模修史产出专业史著的冲动及结果。而当代文学史学科建设所面临的现状和未来则大相径庭。长期以来，在国内大学中文系（文学院）的学科（教研室）设置历史上，现代、当代文学专业或分立或合体的制度设计都各有缘由，或者说目前还存在着明显的当代文学专业单独设置并不与现代文学统合的学科制度，狭义的现代、当代分界还是明确存在的。而在具体教学课程的安排中，则现代、当代更是大多分开（两学期）讲授，并且，当代文学内容的时间下限几乎没有任何规范性的共识认定——就此而言，当代文学史课程教学及研究撰述其实形同无轨电车，开往方向和目的地并不明确，还可以随意停车或设置终点。再来看现代、当代文学（史）的专业内部建设水平，可以认为现代文学专业的历史化、史学化等重要学术规范的建设已经趋于成熟（尚不能说完成），毕竟已经有了半个多世纪的学科自觉规划和具体努力，成效显著。某种程度上这也和现代文学史生产的泡沫化更为严重的现象相呼应。而当代文学（史）的规范化建设、课堂教学实践却还没有从文学批评的观念及方法中提升成型。即便是在教学应用中，目前所见的大多数当代文学史著及相关研究著作，实则仍是一种文学批评的扩张版而已。当代文学史著，尤其是教材教辅类用书，其史著内部的理论和逻辑的有机性明显不足，同时文学史观的意识也相当模糊,不清楚文学史研究的(理论)目标究竟是什么。至多不过是所谓重大重要现象的时间排序,或是将当代文学作家作品的散点评析集合而成一书罢了。这都算不上是严格意义上的文学史教学。但撰史的需求和冲动却又充分巨大。从这种现象的严重性及普遍性来看,很容易得出一种判断或结论——一方面,当代文学史已经趋近泡沫化生产了;另一方面,生产的规范和技术却还没有成熟,产品的质量水平仍处在低端。可以说,对于当代文学史生产的强烈需求与高水平高质量生产技术之间的严重不匹配,成为当前当代文学史生产的突出矛盾。但这就完全陷入悲观了吗?倒也不。当代文学史研究及教学水平的未来发展和高度提升还有足够的想象前景。泡沫不完全可怕,不能完全避免,我们需要看到泡沫作为新的生产价值产生的代价或成本作用。换言之,我们现在需要探讨并设计的是当代文学史教学科研的理论实践路线图,在现有的基础上完成、完善包括当代文学史、当代文学批评史等在内的基本建设工程。因此,如前面提到的近年当代文学研究领域中的史料学转向就不失为促成、加强了一种非常良好的、符合学科学术提升发展的风气、潮流,特别是在当代文学研究领域倡导、推动形成一种自觉的学术研究的基本规范意识,相信对于本学科的学术形象塑造和未来的正道发展具有十分有益的帮助。

五、以媒介为例:基本概念、理论问题的歧义或新义的产生

进入新世纪新媒体语境之后,不仅日常生活方式和观念出现了重大的颠覆性改变或更新,学术理论话语在一些基本概念、理论问题上也产生了歧义,有些是完全出现了新义。这使得我们不仅需要适应世俗层面的网络化生活,而且需要应对理论层面的学术代变的挑战。否则,我们就将再度陷入理论话语空转、不及物甚至失语的窘况,威胁到整个学术研究的有效性乃至对于学术研究的存在价值产生怀疑。这其实是转型时代的必然现象,也已在近年成为一个常态化的需要时时面对的问题或现象。以下姑且以媒介在文学研究中的功能和意义的认

识问题做些简单讨论,以说明这一现象的尖锐挑战性。

根据笔者的经验性观察,文学中的媒介研究,尤其是自觉意义上的形成专业领域或研究方向的文学媒介研究,一般是从1990年代开始的。这主要得力于两方面的刺激和支持。一是1990年代的社会经济转型在文化产业领域催生出了一个媒介、媒体中心的时代,媒介的主体地位及商业功能获得了空前自觉及全面开发。这一潮流一直延续到了接踵而至的新媒介时代,进而成为一种主流性的拥有商业市场依托的社会文化现象,迄今依然。二是域外文化研究、文化批评理论的大规模输入,尤其是其中的媒介理论,不仅影响到了学术界、文化产业界(包括影视和网络)等,而且在大学文科教育系统包括中文专业、外文专业中产生出了极其广泛、深刻的影响,迅速开拓出了崭新的媒介研究的学术生产领域,文学媒介/传播研究的项目和机构遍布各高校,同时还有正式建制的新闻传播学院之类的教学科研院系设置,连续多年人文学科的研究生学位论文也多涉及媒介理论和媒介实践研究。由此也就不难理解,在商业市场和学术研究两方面的激励下,媒介、文学媒介、文学生产与传播等的相关研究,迄今仍有足够的发展资源、动力、利益目标,仍呈勃兴之势。

可以简单分析一下对于当代文学中历来的文学媒介地位、作用和价值的经验性认知。文化产业媒介的商业价值的全面开发始于1990年代。单从文学领域而论,1990年代前关注、注重的几乎主要是媒介的政治属性、政治功能,特别是意识形态的宣传阵地性质,媒介的主观定位及作用发挥相对单一或有限。作为一种对比,1990年代对于媒介的商业开发一下子有了走向另一个极端的态势,即以商业目标为主了。同时因为原先的政治限制观念松弛或开放了,媒介的多元发展获得了充分的鼓励和保障,这就形成了与1990年代之前完全不同的媒介、文学媒介生态——其实就是有关媒介的定位属性、观念、功能和作用认知期待等产生巨变后的媒介重组新生态。于是,媒介集中或融合了文化—商业—社会—政治等的所有权利内涵,成为一种权利博弈①的巨大综合场域。传统的以文化—政治为主要内涵构成的媒介权利独大现象已经基本消失。这使得文化生产、文学生产方式也随之发生了剧烈改变——媒介形式因素的重要性常常要比内容生产更具有功利价值和市场影响力。就此,媒介也直接参与塑造了文学价值观的分层、分类、分化的生态重建。甚至,媒介还改变了传统的"人的文学"的根本观念,因为媒介不仅是人的功能的延长,媒介同样反作用于人,媒介可以改变人,人工智能已经表现出了这种技术趋势将越来越普遍化而成为一种现实。最近的"人机合一"可能会是终结人文主义乃至人类中心主义的一种预示。比如,此前已经出现了机器人、人工智能的文学创作,更别说人工智能在智力竞技(如围棋)的人机对弈中占绝对优势地位了。——一种媒介中心主义的意识形态权威正在形成,并还在获得越来越强大的技术支持。

媒介主体地位观念的确立,决定了媒介的权利场域可以扩展或包容至所有领域,而媒介自身则不属于任何一种传统的专门领域——媒介跨域或跨域媒介现象已经成为常态,尤其是在互联网—物联网的新媒介时代。正是看到了媒介的这种无孔不入的入侵性、无所不能的建构性,笔者才多次不厌其烦地强调新媒体/新媒介的工具文明意义——作为主要生产工具及技术水平标志的新媒介也就是人类社会发展进程中的一个文明时代标志。新媒介对于传统人文创造方式的改变,科技对于人文的全面重塑,难道不是预示了传统文明的更新、颠覆、重建吗?!媒介重塑文明的一个最大现实冲击还在于,媒介首先已经重建了所谓现实的观念、经验、感知、认同。科技支持的新媒介世界已经构成了人类的真实现实——一种非现实/非真实的现实性/真实性已经出现、成立,并成为我们的日常经验,从最基础的二次元到多维向度、多维空间的异文化、异文明的世界经验,正在并已经成为我们日常经验中的基本构成和内涵,主导了我们的价值观的基础——我们不能再以传统的人类中心主义立场来界定我们的现实了。这种宏观的甚至是有些抽象的观念,其实都来源于、落实在、也支撑着新媒

---

① 参见拙作《文学的权利博弈:国家文学与文学批评》,《当代作家评论》2011年第2期。

介语境中的日常文化和文艺生产，来源于、落实在、也支撑着新媒介科技的"超时速"推进——新媒介科技甚至改变了传统的时间观念，技术更新的速度加速了世界和现实的更新，一如飞机改变了火车时代的时间，火车改变了汽车时代的时间，汽车改变了马车时代的时间，我们早已经领教了新媒体经济完成的财富积累对于时间认知的改变，新媒介已经促使我们的时间观念从传统走向了未来。也就是说，新媒介加速了历史的进程，新媒介改变了历史运行的速度，主导了历史演变的趋势和方向。这就是我们所处的新媒介文明现实。

从这种有关新媒介属性和意义的讨论中，笔者想关注的主要问题就是传统的理论概念、学术生产机制必须顺应现实的改变，需要有一种系统性的反思和自省，尤其是需要重建、夯实学术方法和理论的基础，重建我们的经验和观念。如果说日常生活会以自然的方式教会我们新媒介生活的方式和技巧，那么学术研究的转型却会困难得多，原有的强势性、习惯性的经验和观念总会长时间处于优势但保守的权利地位。所以现实还是一个权利博弈激烈的时代。换言之，如何阐释"新中国文学70年"也是一个当下性的含有多重意识形态话语权——政治、学术、文学、技术等的论题场域。其中，此前甚少或几乎没有的技术维度的论述，特别有必要成为审视文学史发展和变迁的基本视点。这也是文学制度、文学生产乃至一般知识生产、文化衍生产业等研究的主要内容之一。

不确定性中的文学批评之惑

——从制度转型和文学生态之变谈起

在以往的研究中,笔者提到过两个相关联的看法:一是新中国文学70年就是国家文学建立和建设的70年;二是最近40年也是国家文学改革开放的40年。① 更加宏观地说,中国当代文学的进程是伴随着国家文学的经验和理论的探索、调适、建设而形成的一种独特轨迹。制度设计一直是其中潜伏着的支持性或限制性框架。在此意义上,也可以将国家文学视为中国当代文学的一种整体性或总体性概念表述,既是一种描述,也是一种判断,但并不导向简单的价值判断,因为很显然,其中的复杂性才是我们最为困扰的问题。只是对于当代文学制度的种种设计,长期以来我们已经习以为常,以为文学体制本就如此,由此,最重要的制度反而成为一种"沉默""潜伏"状态了。制度视野的观察显然成为分析当代文学的一种主要的政治路径。从专业角度说,这首先也是文学批评最经常面临的实际状况。

社会变局最能显示制度的特征和性格,或者说,变局的特殊性使得因常态而被遮蔽的制度"固态"表现出了陌生性的"变态",由此显现出了制度性问题的重要性乃至关键性——从中看出制度变迁的真相。《路遥的时间》② 写到这样一段情节:1990年代初,路遥获得第三届茅盾文学奖之后,各级政府和文化部门的领导都给予了十分显著

---

① 参见拙作《"新中国文学70年"的几个文学史问题》,《小说评论》2019年第5期。
② 航宇:《路遥的时间》,人民文学出版社2019年版。

的表彰、奖励，并对其在公私两方面都提供了充分的帮助和支持，一时间路遥的声名可谓如日中天，人生平步青云。这时，路遥想要出版一套个人文集，虽说那时候一般认为一个刚过四十岁的作家出版个人文集有点早，但路遥仍执意我行我素。形势却比人强。因为各级图书馆、新华书店等图书订购销售主渠道都已经陷入了经费窘迫、无米可炊的经济窘境，即便有领导直接批示支持购书，但各单位没有可用的购书款，结果仍是无可奈何——现实的规章制度或利益考量是征订数不足就不能开印，即便是路遥也不行，即便是领导批示也不行，否则就得出版社亏本背锅。政治的光环和绿灯不再能为文学的生存发展保驾护航。这一情景可以说是中国当代文学史上从未出现过的，真实反映了1990年代初期发生的中国社会转型的实况。经济改革转型全面提速，产业类型结构调整，文化事业跟着面临重组。这意味着文学出版必须也要走上市场经济的轨道了。换言之，出版的价值观在国家和社会层面都发生了根本性转折。在计划经济转向市场经济的巨变中，即便权力仍对文学文化予以政治关怀，但在经济或资源支持上已经基本无能为力，至少是权利的行使方式已经发生了根本变化，可说一时回天乏术。路遥再红，生产资源却难以为继，市场供求关系也就随之消失。彼时的这一案例，必然引发了需要重新定位文学价值地位、文学何以自处的问题。从专业角度及责任上说，这正是文学批评首先需要考虑的问题。

从笔者有关中国当代"国家文学"[①]的观点来看，这次转型并没有带来中国文学的性质改变，而是一种结构转型——文学生产的价值地位需要有一种"位移"后的重新确认。这种位移并不主要发生在文学内部，而是发生在文学生态所寄生或依附的社会政治生态中，发生在前者与后者的关系变化中。但是，其中也有十分严重的问题发生，即由此产生出了一个有关中国当代文学的制度伦理问题：一方面仍需要文学的政治忠诚和意识形态服务——文学的性质没有改变；另一方

---

① 有关"国家文学"的最近文章，可参见拙作《登高临深，不可为而为之——关于中国当代文学批评史的研究及史著撰写答问》，《新文学评论》2019年第1期；《"新中国文学70年"的几个文学史问题》，《小说评论》2019年第5期。

面则权力已经无力或不再能为文学提供生存发展的充分资源。极端地说，中国社会的发展转型已经将其中的文学暂时弃置不顾了。可以想见，主流价值观的软弱或意识形态的混乱必然因之出现。

显然，当时的文学界包括文学批评并没有应对如此现状的思想、理论和行动的基本准备。当然更深的问题症结仍在于，中国当代文学一直主要存活在国家制度框架内，一时间已经不可能对"被遗弃"的遭遇和"落难"的身份重新建立合理的信心与概念。况且从历史上看，发生在1990年代初的这次社会转型和文学地位变迁，也是共和国文学在制度化的国家文学建立之后，首次发生的整体性的重大价值结构改变，由此将一个新的制度性问题引入自觉思考的领域：在社会结构、经济制度转型之后，意识形态、文化领域包括文学事业的价值认识、政策管理及技术手段将进行怎样的有效调整？文学界内部也出现了不同以往的、重新思考文学基本性质及功能的基础性问题。可以说，如何重建国家文学的体制与机制的有效性，如何重建文学与现实的基本关系，就是1990年代初的变局转型引发的有关文学制度和价值观的两大主要问题。

但是，"文革"后的中国文学批评对此类问题的思考显然不足，或者说，1980年代的文学批评虽然仍保留了强烈的政治激情，而其基本方向则在对于狭隘政治功利的批判、抗衡或疏离、消解方面，很少考虑文学与国家制度间的关联，因此对于中国文学的现实认知及定性定位会发生某些常规偏离，文学价值观也会形成一种时代性的偏差。等到1990年代开启了转型巨变，文学界首先感到无所适从的其实并不是作家创作，而是文学批评。如何论说当下文学现状成为一个难题。对于文学批评的普遍不满就是从那时开始的，1980年代文学批评的先锋姿态、理论形象及其"黄金时代"（假如可以有此一说的话）就此崩溃和终结。此前，文学批评除了充当专业角色外，同时还主动自觉地担负了启蒙者、思想者、社会活动家乃至政治发言人、国家未来设计师的自许使命，到头来一场社会和制度发展的转型变革来临，证明了文学批评的一切自我期待和社会形象，不过是沙滩上的高楼，哪怕有海市蜃楼的陪衬，也还是瞬间即倒。此时的文学批评不仅毫无自救之力，而且暴露了脱离社会实际、一向纸上谈兵的高蹈空谈本相。

所以，在社会转型发展中，既需要权力对于国家文学制度有一种前瞻性设计，这在新中国成立前后进行得相当充分，也需要文学界内部，尤其是文学批评，对于时代变化有成熟理性的应对，为文学的自信提供价值理由。1990年代的文学批评好像并不令人满意。

如果可以把以上1990年代初期中国社会发展转型对于中国当代政治—文学的制度设计所提出的主要问题视为一种整体性的挑战，今天回看文学史，就能发现这其实就是改革开放进入深水区后由文学生态结构的现实重组需求而凸显的意识形态应对的机制挑战，是国家文学如何顺应时势、在改革开放实践中进行制度调适、革新和提升的挑战。显然，这仍是一个关于新中国文学的整体性的根本问题。而文学或文学批评并没有（或许是不能）应对这一重大问题的挑战。况且，似乎也没有足够的时间使得这一挑战能够获得合理的认知和有效的解决，首先是因为经济的超常发展使得中国很快成为总量第二的世界经济大国，其次则是互联网时代的紧随而来。中国文学立即又在强大的经济刺激和网络支持下进入一个新时代。由此，问题的症结也发生了转变，权力的管控手段，首先是权力的习惯思维，遭遇了技术的限制甚至抵消。面上的制度现象问题深入到制度的基本合法性问题上了。

1990年代初出现的对于文学的政治和经济的伦理尴尬，造成了此后相当长的一个时期里，意识形态管理的某种政策或策略性的"松绑""放松"。但政治权利的"主权"地位并没有发生转移——既有的权利主体并没有丧失权利的合法性，只是权利的行使主要体现为对于自身功利取舍的策略考量。但是，新世纪初，互联网—自媒体的疾速发展，宣告了一个史无前例的新时代已经来临：有钱了，还要更多的"自由"。这是获得了经济成果和技术支持的新时代。这个新时代衍生出的社会/群体/个人的权利需求和欲望，却在很大程度上威胁了既定权利合法性的稳定性基础和地位。在文学领域，所谓网络文学从出现到完全的合法性建立，既是一种时势的明证，更是一种力量和价值观的宣示——文学权利已经开始发生了颠覆性的改变。制度设计和文学应对因此面临了宏观面与技术上的考验，都需要重建一种权利的合法性、合理性及有效性。仅是策略手段的考量应该是远远不够的了。

先从宏观的数据来看，截至 2017 年 6 月，中国网民有7.51亿，互联网普及率为54.3%，网络文学用户为3.53亿（占网民总数46.9%），其中手机网络文学用户3.27亿，占手机网民45.1%。（据中国互联网络信息中心《第 40 次中国互联网络发展状况统计报告》）截至 2018 年，网络文学用户超 4 亿人，注册作者超 1000 万人，签约作家 68 万人，全职作家 32 万人。（据中国互联网络信息中心《第 42 次中国互联网络发展状况统计报告》）此前，1998 年被称为中国网络文学元年，原因有二：一是 1997 年 12 月 25 日中文原创文学网站榕树下上线；二是第一部网络原创长篇小说痞子蔡的《第一次的亲密接触》在 1998 年上线。进入新世纪以后，网络文学在文体创作规模、产业及市场形成、文学（产业）研究，甚至批评和理论研究方面都有疾速或比较明显的发展，尤其是在社会、政治层面的组织化、制度化——与国家文学的融合方面，几乎没有严重的冲突性机制障碍（特指文学领域没有产生重大的"群体事件"或舆情危机），与纸媒时代的文学相比更显平稳，这说明国家文学机制对于文学转型问题的具体策略调适和应对，已经迈过了顾此失彼的 1990 年代这道坎。国家文学的强大制度功能在网络——商业市场时代发挥出了安全阀、稳定器和调节器的实际作用。

2003 年，起点中文网开始实行 VIP 付费阅读，该模式得到推广，从而初步建立起网络文学商业模式。2008 年，盛大文学成立（整合了起点中文网、红袖添香网、小说阅读网、榕树下、言情小说吧、潇湘书院六大原创文学网站，以及华文天下、中智博文、聚石文华三家图书策划出版公司）。2013 年，创世中文网成立。2015 年，盛大文学、腾讯文学合并为阅文集团。网络文学在体量上的数据尤其惊人，截至 2016 年底，40 家网络文学网站作品数已达 1400 余万种，日均超过1.5亿文字量更新，作者超过 1300 万，签约作者近 60 万，一年网文产量超过此前 60 年纸媒出版总量。随着 2008 智能手机的广泛普及和移动互联网趋势，新媒体进入了移动互联时代，网络文学呈现爆发增长态势。而且，网络文学生产资源催生出了完整的产业链形态，网络文学 IP（知识产权）的成熟运营标志着内容生产与传媒、娱乐一体的完整商业模式的出现及完善。截至 2016 年底,网络类型小说 IP 转化的出版图书达 6443 部,改编电影达 900 多部,改编电视剧达 1056 部,改编游戏达 511 部,改编动漫达 440 部。这是连今后的纸媒文学也不可想象的。

与此相关的是,网文批评和研究开始崭露头角,逐渐摆脱边缘地位,企图与传统批评主流形成力量对峙。从趋势上应该相信,时间会证明批评中心的角色将随之发生结构性改变。截至 2013 年底,期刊刊发的网络文学研究文章有 910 篇,报纸刊发的相关文章有 1037 篇;相关研究生学位论文有 229 篇;相关的各种会议论文有 143 篇;相关理论著作有 83 部。三年后,根据 2016 年底的数据,以网络文学研究为主题的相关文章发表有 1348 篇;更重要且具高显示度的是,相关国家社科基金项目有 9 项,还有一项国家社科基金重大项目。这说明网络文学研究已经进入了国家规划范畴。预计今后几年与网络文学相关的国家级项目立项会逐年递增。这也是一种最具中国特色的国家制度设计,意味着网络文学所获得的合法性支持力度。

在这过程中,大约从 2014 年开始,浙江省作家协会和上海市作家协会先后成立网络作家协会,至 2017 年中国作家协会网络文学中心成立,已有约 20 个省级组织的网络作家协会、网络文学创作委员会或类似机构、团体相继成立。在中国作家协会第九次全国代表大会上,唐家三少当选为中国作家协会主席团委员,此前,唐家三少与天蚕土豆、跳舞等八人为中国作家协会全国委员会委员。①

面对这种趋势,应该强调的是,技术—商业—市场的融合力量所产生的支配性影响,已经取代了传统政治相对单一或单纯主导下的主流文学写作格局。在制度设计的支持和安排下,网络写作、网络文学成为当代文学最活跃的多样性新生态体现。这种新生态文学之变,源自媒介之变、作家代际或身份之变、受众与市场之变、评价与审美观

---

① 以上几段数据资料来源于:中国互联网络信息中心:《中国互联网络发展状况统计报告》;《2016 中国 IP 产业报告》;欧阳友权:《中国网络文学二十年》(《文艺论坛》2018 年第 1 期);邵燕君:《网络文学的"断代史"与"传统网文"的经典化》(《中国现代文学研究丛刊》2019 年第 2 期)等。因为本文写作时间的关系,近年的最新数据还待收集齐备。

之变，简言之，源自全社会的文学生产机制的系统之变；或者，从文学批评推进到文学史来判断，笔者更愿意视之为文学史之变——网络文学已经开启了一段新的文学史。新世纪以来已经形成了一种新媒体文学生态，即凭借互联网平台及其技术（产品）支持而形成的文学作品形态及广义生态。① 这种时势和生态及未来期待，鼓励了一种理论勇气的酿成，文学界可以仿照百多年前的胡适，提出一个"网络文学正宗说"的观点。如何理解所谓的"文学正宗说"呢？笔者后来倾向于认为当年胡适提出的白话文学正宗说，所要颠覆的并不是文言文学的历史正宗地位，而是文言文学"唯一""独占"的正宗地位；他认为这对白话文学不公平，他要正本清源确立的是白话文学有资格与文言文学享有同样的文学正宗地位。也就是说，白话文学正宗说的要旨是运用一种文学史的叙述策略，将白话文学的文学史地位提升到与文言文学同等的正统地位，达到现实的新文学革命即白话文学革命的目的。② 而从学术上说，这一策略及目的的实现，不仅要有文学史论述的支持，更重要的是必须建立在白话文学的现实基础上——白话文学的创作、批评及研究，必须具有文学现实的实际支持和社会响应，否则就只是有限精英小圈子的自娱自乐。就此而言，网络文学在创作体量、文学人口（人力资源）、文学市场、跨域传播、产业系统、经济产出等文学、经济及社会的广泛支持度和影响力方面，已经不再使人有理由将之继续视为不入流或无足轻重的业余流派。但是很明显，在纸媒时代形成的、迄今仍掌握或体现核心文学权利的正统主流的文学批评和学院研究中，在传统经典形成的文学史谱系中，网络文学"妾身未明"，仍是一种无形中遭遇身份歧视的暧昧存在。只是技术和利益的趋势与诱惑，在不断对纸媒形成压力，时势推演的价值观流变并不支持纸媒文学凌驾于网络文学之上。相对于国家文学制度的设计，网络新媒体时代的文学批评及研究，显然还没有完全跟上制度转型的步伐或态势——这当然也是体现了中国当代国家文学的一种语境特色：在文学价值观上，制度设计往往先于文学界内部的专业认知和认

---

① 参见拙作《文学的世纪之交与"80后"的诞生——文学史视野：从一个案例看一个时代》，《小说评论》2019年第2—3期连载。

② 参见胡适：《文学改良刍议》《白话文学史》（上）等。

同，率先产生文学风尚和潮流的引领作用。"网络文学正宗说"的论述策略就是以某种相对"激进"的方式再次反衬出传统主流文学批评立场与研究机制的保守与迟滞。至于网络文学的正宗地位的现状实况，已经一点也不显得激进了。

如果更广义地观察媒介及技术的文学影响，如生物医学、人工智能等科技的未来可能性，重塑甚至再造人类的可能性（包括基因编辑）不再是一个技术问题，更多倒是伦理问题了。而文学创造（平台）的技术化则直接造成了"人的文学"困境——文学已经改变，加上更彻底的人的改变，文学的重新定义就成为必然。如果人工智能或机器人有可能毁灭人类或其中的个体不是一个虚妄问题的话，那么，文学或曰"人的文学"的生存（真实性）与否就一定是个问题。也就是说，目前有必要重新定义"文学"。这在逻辑上也是顺理成章的。网络文学拓展了文学的传统边界，并形成了跨域的文学生产方式，技术发展则对此形成趋势性支持，新的广义文学生态已经出现，纸媒文学史对于文学的界定——定位定性，显然不可能再涵盖网络文学了。而且，网络文学所开拓、代表的文学生产方式，或许还有助于实现世界文学的古老愿景。文学批评应该对于这种趋势和问题的可能性，投入更多自觉的观照，才能有效实现国家制度资源配置的战略价值目的。但这又不仅是网络文学的单一问题。

1990年代国家制度设计的政治选择，增加了中国社会发展的变量因素；新世纪呈现的技术进步则是人类文明和社会发展中客观诞生的特定时代的变量因素。两者叠加的现状就是一种不确定性的社会态势，正呈愈演愈烈之势，而且这种不确定性的现状因素在自媒体时代的增长（方式）几乎无法完全掌控，不仅我们的一般认知发生困难，包括对于历史的认知困难——以往的共识趋于歧义甚至瓦解。更重要的是，国家文学制度以及我们对于制度的认知观念和立场都遭遇了前所未有的挑战。我们几乎很难建立稳定、自洽的（文学）价值观，甚至，我们已经无从把握对象的真相，丧失了整体性观照和总体性视野的能力；我们面对的只能是一堆彼此纠缠或相互疏离的零件、碎片。歧义的纷乱程度，乃至观点立场的互怼就成为一种必然，前述对于网络文学的评价现状包括其中的极端态度，就是一种显例。在公共事件或社会现象的判断上尤其如此，以致可以产生影响乃至绑架法律、政府决策等公权力的程度。

不能说文学批评就此完全无能为力，确切地说，应该是难有作为。文学批评的分化既是思想界立场分化、研究路径分歧的反映，同时也是自身无力的一种症候性表现。而且笔者现在对于理论上的"文学史"的观念实践抱有深刻的怀疑和悲观。文学史本该是对于历史上的文学现象的一种整体逻辑建构和总体价值阐释，但这种可能性目前正在消失——在一种文学史研究企图方兴未艾之际，文学史的实际可能性却正在消失。前者即将导致文学史著生产的数量泡沫化，① 后者则会使文学史质量平庸化。具体挑战之一就是，进入新技术时代后的网络文学、新媒体写作、跨域文学传播等，已经产生了终结传统文学史的趋势。② 如何延续我们的文学史观念呢？或者，文学史只能沦为编年史？更重要的是，包括所谓的史料学转向之类，试图将文学批评推升至文学史研究的理论层面或高度，但新的文学史逻辑的形成显然并不一定在未来可见。当下困扰笔者的是一种无与伦比的杂乱和不可知性：意识形态的立场对峙已经突破了传统政治的边界，难以名状却成为社会中的弥散性存在，无处不在的对抗性已经成为一种现实关系结构的特征。文学史面临的问题是：新媒体文学的宣战，预示着新文学时代的来临；或者说传统文学史的瓦解开始了，好似传统政治方式的变化。这是一次观念博弈，内含文学价值观在理论上的重新定义问题，更是一次整体性的实际利益份额之争。话语权和定价权究竟操控在哪种力量手中？文学批评如何贡献自己的智慧并有所作为呢？

从根本上说，网络文学现象，包括自媒体现象，都只是面上的问题，文学史也是一个特定的专业问题，最关键的是，我们失去了有效对应不确定性现状的能力——还没有充分认识到，某种确定性的价值观已经很难应对不确定性的现状。而首先一个问题则是，现状是否能够满足建立某种确定性价值观或立场的条件？即便是在专业领域，我们还有自信认为文学批评对于文学的现场、现状仍有可控能力吗？以

---

① 参见拙作《"新中国文学70年"的几个文学史问题》，《小说评论》2019年第5期。
② 参见拙作《新媒体语境与"文学史的终结"》，《文艺研究》2016年第6期。

前所说的批评缺位现象等,换言之就是批评失去了话语能力和话语权——批评退出了文学场域。这已经不再只是政治问题、经济问题之类可以圆满解释的了,比如媒介、科技给文学和文学批评带来的新现象、新问题,我们的批评能否做出理论或实践的反应?在很大程度上,很多时候,面对很多问题,我们正陷于一种被动的"随机应变"的状态,但同时我们却试图相信:这种随机应变的立场或方法能够建立确定性甚至绝对性的结论或价值观。在一个迫切需要构建新的文化关系以至人际关系、世界关系的时代,随机性和绝对论的思维及方法都在流行。从不同时空、场域抽选出现象个例,对其重新进行知识化甚至系统化论述,以达到新的阐释或推动论题对象的形成,其中可能含有创新的实验价值。但也并不必然,种种反逻辑的理论随意性有时显得更为突出。用随机选择的片段试图拼接成一种以追求整体性阐释为目的的对象或论题,这在方法论上往往陷于主观性或一般意义上的强制阐释、过度阐释,缺乏对话沟通的有效性。这更多像是一种结论先于研究过程的理论立场表达,一种理论先验性的表达而已。说到底,这种随机性仍是一种价值绝对论的思维和立场,无助于阐释现实的不确定性。这种现象在文学批评中可谓十分普遍。如何从个案出发建立整体性的思考?这不仅是个论述逻辑和论述策略问题,更是一个对于世界存在方式的基本认识问题。关键或许是建立一种相对性的价值思考方式。价值的相对性存在,可以说就是世界存在的一种根本方式,也是某种特定价值之所以有意义的根源。但绝对的、霸权式的权利冲动却总是跃跃欲试,这种权利冲动最擅长用反对的方式建立自身的权利地位,目的在于论证自身价值的绝对性。所以有时我们不能不怀疑,如果个案研究的价值边界无从确定,那么整体性的获得又是否可能?或者,后者只能是一种理论上的抽象可能?一旦陷于价值绝对论的境地,整体性思考恐怕就是一种虚妄。就像我们需要真理,当然需要,但对解决问题而言,真理需要借助中介才能发挥作用,这就是常说的理论联系实际的意思,否则真理就会是正确而无效的空言。在此意义上,坚持真理的所谓绝对正确性其实毫无实践价值。

回到一些具体问题或现象上来,新媒体时代的文学批评如何拓展?除了现实经验资源和传统经典文学资源外,文学批评如何获得对应于从二次元到虚拟多维世界、新文明想象的文学新现实的能力？这既是文学批评的网络生存条件，也是文学批评的价值实现条件。目前的情况，至少是传统的文学批评基本上无从进入网络原创的现场，创作与批评基本上不发生真正的互动，彼此的价值实现完全是在两不交集的层面。即便是在最关注网络文学、网文写作的理论家笔下，其批评理论和批评实践要么受到传统纸媒文学理论阴影的笼罩，要么暴露出理论突破、理论新创、理论原创能力的欠缺。① 这实质上说明了一个事实，我们的文学批评水平还远低于文学创作的现实发展。当新媒体写作（网络文学、一般网文等）与前沿技术的更新和进步产生与时俱进的共振时——犹如文学现实的图景在不断被刷屏，我们的文学批评却仍在一筹莫展，仿佛技术问题不是文学问题。我们这个时代的文学问题，主要产生源头恰恰就是技术。这是一种经典或传统文学史无法应对、首先是从未面对过的文学现实。如果说我们以前很少考虑过文学的媒介性，那现在其实仍很少考虑过媒介性的文学。而对于媒介支持或其延伸线上的文学现象、文学跨域、跨媒介现象等，我们的文学批评简直就完全丧失了言说的可能性。于是，就出现了一个没有批评的文学现场，一种无从言说的文学现场。那么，文学批评的所谓议题和话语权，文学批评的理论功能，究竟有什么现实意义和价值呢？这是一种没有对象的文学批评，因为到达不了对象。或许笔者只是用一种绝对方式表达对于文学批评在不确定性的现实中丧失价值地位、遭遇自身之惑的沮丧。但我们不能不思考一些至关紧要的理论和实践问题，并且不仅限于文学批评范畴。笔者也将这些视为不确定性中的基本常识思考：如何处理技术手段与基础理论的关系？这涉及对于文学新生态与文学史、文学观的基本认知和评价。如何处理中国文学特色与世界（国际）价值共识的关系？这涉及政治冲突中对于人类情感、审美特性甚至是人性价值观的基本认知和评价。如何处理政治伦理与专业范畴的关系？这涉及在泛政治化的情境中对于个体自由及言说边界的基本认知和评价。总之，自觉一种相对的有限性的关系存在，对于发现我们身处的不确定性现状中的价值体现能产生积极意义。

---

① 限于篇幅和文章主旨，相关的具体讨论和商榷，留待另文展开。

新世纪当代文学批评研究：
从史料学转向谈起①

一、所谓史料学的转向

新世纪以来，在中国当代文学研究中，渐渐有了所谓史料学的转向一说，大致意为即便是在一直以批评为主的当代文学研究领域，以史料考据或整理为主要特色的研究倾向已经异军突起，成为一个相当普遍的潮流性现象，而且其影响和成果明显还处于扩大趋势。由此，

---

① 这是一篇缠绵多年、酝酿不定的文章，先是大约4年前笔者在易彬教授主持的长沙学术会议上的发言稿，会上还得到了洪子诚教授的直接指教，感谢之至。后几年都有机会想写成会议正式论文，比如去年在中山大学张钧教授主持的会议上，会后蒙青睐约稿。可是勉力进行到半道，结果都未成。现在虽已写成全稿，体例上看也就是会议讲稿和学术论文间杂的行文，未尽如人意。不过终于还是有勇气就这样出面请教，实在是为了一种积年心愿的了却，也是对自己过往的一种交代，当然更是觉得在当代文学学界纷说史料研究话题的众声喧哗中，以笔者的经验和观察，觉得还仍有话可说可谈。同时，个人经验或许也会对更年轻的同道有所参考镜鉴，吸取教训，无论如何，总有切磋交流之用吧。简括一下最近20多年来自己的文学史料相关工作，忽然发现在一般史料收集、整理和出版，史料个案的具体研究，史料理论探讨及史著撰写等方面，均有涉猎和努力，不管有否成功，自慰且惊讶的是，自己在这纷扰的时世中竟还有过老僧入定般的安心与宁静——其实根源于内心所执的激情和信心。此情此心，如鲁迅所云"绝望之为虚妄，正与希望相同"。未来无有穷期，只有无穷之远才是现实。

从批评为主到偏重史料的这种当代文学研究生态的变化，就成为史料学转向的突出现象了。关于史料学转向，多家各说，如吴秀明、程光炜、黄发有、易彬、张钧、斯炎伟、王秀涛诸位，不胜枚举，文献俱在，足征参见。

按一般学术研究的基本范畴认知，所谓史料研究实为学术本义所含，并无特别抽绎出单独的史料研究另立一说的必要，否则可能给人一种误解，以为文学研究或学术研究也可以不从史料出发、不以史料为基础，而将文学批评视为主要只是天马行空般的情感宣泄或思想表达的方式。不过，在实际的学术研究中，尤其是在当代研究中，不重视史料与当代研究的重要且密切关联的想法甚至误会，却是一种较为常见的现象，形成了如笔者所谓的"当代无史料"的习惯性盲视偏见。而在当代文学批评中，这种不以史料为意、不以史料为然的做法和想法，更显得普遍，对于文学文本的主观阐释成为当代文学批评的主要方式，好像文学批评靠的就是鉴赏文学的才情和发挥理论想象的思想能力。当然，偏重鉴赏的才情发挥抑或理论的思想阐释，也不失为批评的正道。不过，较多常见的现象却是，这种不受约束、恃才高蹈的文学批评，延及一般当代文学研究，虽则文辞灿烂，炫人耳目，实如出轨之车、脱缰之马，所过之处常常言不及物，不知所云，难得真有建设性的裨益。文学批评也因此常被诟病。显见对于批评活动的学术性建设和提升应该成为一般文学研究或广义的文学生产必须自觉思考的问题，由此推进批评的可持续发展。就此而言，新世纪以来有关史料的考据、整理、运用及一般认识的提高，特别是在批评活动中融入、发挥史料的价值作用，对于批评功能的整体价值实现显然具有积极影响。

1980年代后期，"重写文学史"一时勃兴，蔚成潮流。细察其之勃兴流变，主要乃为前时文学批评和文学观念的"革命性"引领与激发，而非由文学研究中"治史"的学术需求所酿成。质言之，所谓"重写文学史"实为文学批评的波澜，思想意义或时代动机更其为主。这就决定了它的学术成果和实际贡献有所预设或侧重，积极面上是开放了风气，消极面上则是学术上比较有限，不会走得很远。具体来看，多数文章或仅能用"翻案"动机视之。但是，今天回顾"重写文学史"的启示，却也有相当的学术经验值得吸取。一是在时代条件的变迁形势下，文学史有了"重写"的现实动因和理由；二是学术意义上的"重写"需要具备一定的条件，这种条件一般而言需要基本满足三个要素，即新材料、新方法、新观点。尤其在最基础层面的新材料上未足充分具备的话，后两者毕竟是被架空了的。再看1980年代迄今的文学史研究，之所以后来获得了明显长足的进步，主要是由于"史料"的重新发现和使用，这才支持了文学史研究在学术意义上的"治史"工作。所以，没有足够扎实深厚的史料功夫就不要贸然轻言治史或重写历史。三是一时新鲜或创新性的理论、思想在融入历史研究中时，应该获得足够的消化、吸收、沉淀，切忌用文学批评的一般方式从事文学史研究。历史研究中的对象、方法和立论，都需要相当的稳定性和统一性。相比之下，文学批评在学术规范上并非十分严格，不同研究在学术范式和基本要求上还是泾渭分明的，对此研究者需要具备充分的自觉意识，这也可以说是研究者科研入门的基本认知前提，否则就有变身为"民科"之嫌，几乎没法彼此对话说理了。如此，我们再回到近年史料学转向现象及相关问题上来。

新世纪以来当代文学研究包括文学批评中史料学转向的发生，主要源于以下几个方面的原因——也可以说是由史料研究在内的当代文学研究态势所决定的。

首先是文学史长度所诱导、启发的学术自觉，催生了对自身学科发展的系统性反思。世纪之交有过"20世纪文学史"之说，基本含义在于倡导对于新文学史的贯通研究，这对文学史视野的拓展起到了明显的理论支持效果，此后打通现当代乃至近现代就不再是一个需要特别论证的困难问题了。但如今随着传统的"当代"文学史愈演愈长，立足当代的文学史研究立场变得越来越急切——从当代视野贯通文学史取代了曾经的"20世纪文学史"框架，后者在某种程度上或许还潜伏着"现代"引领"当代"文学史研究的含义吧。虽然都是文学史的贯通研究方案，但两者的基本立足点却很不一样，立足当代、贯通历史，这是我们现在对于自身学科发展的系统性反思立场和自觉出发点。也就是说，文学史时间长度的自然演进，在促使我们调整历史整体性眼光的同时，也启示我们应该明确地站在当下立场上看历史——而非虚设一个客观中立的历史观察位置。如此，当代文学史料问题一下子便凸显出来了——当代文学史，或当代文学学科的建设与发展，必须建立在当代文学史料的系统性研究和整体性建设的学术基础之上，舍此并无二途。这自然也会影响到当代文学批评的氛围和流向。

其次是其他学科的影响及镜鉴。同样是文学研究、文学史研究，比如中国古代文学或现代文学，比如外国文学，比如学科目录所列的一些二级学科——民间文学、比较文学等，一般概念中的资料或史料研究都是其中的必含之义，并未有将相关史料研究单列分割出来的现象或问题。唯独在中国当代文学研究中，或许是因为文学批评的主观倾向及惯性太为强大，向来少有在学术层面真正看重史料价值地位的，甚或并无史料意识，才情、理论和观点成为最强势的方法特征和价值依据。于是，当代文学研究（包括文学批评、当代文学史或批评史等）与当代文学史料无形中成为两相分离的专业领域，甚至可以说，后者在专业概念或地位上可能并不存在或成立。这就是笔者所说的"当代无史料"的认知误区。无自觉史料研究意识的当代文学研究在学术上的有限性及发展、提升的瓶颈，在当代文学史的时间长度及学术性要求的倒逼下，近年来已经显得越来越明显了，尤其是在年轻一代学院学者成长起来以后，对于当代文学研究的学科重整渐渐成为学术调整的一种生态需求。在此背景下，借鉴其他成熟学科发展的历史经验，再度思考一般学术、学科建设的规范、理念，当代文学研究中的所谓史料学转向实质上就是重建一种关于当代文学研究的整体观，尤其是其中的价值观和方法论。由此，当代文学研究才能走向学术和学科的成熟。最终，应该是当代文学史料研究不再以一个问题的形式出现——它的出现其实就是该学科及学术水平尚较低级的一个证明。这在我们也确实不必隐讳。

同时，学科间的影响也可以理解为是一种跨学科意识的自觉，换言之，可视为当代文学学术研究范畴的拓展。对此，文化研究的勃兴可能是最突出的流行代表。而在广义的文化研究中，媒介和传播研究应该又是中国现当代文学研究领域最鲜明而强大的潮流，一如1980年代早期比较文学成为中国现代文学的主要相关学科和学术流向。很显然，媒介和传播研究的兴盛与流行，最大限度地推动了当代文学对于新史料的重新开掘和创新利用，史料工作成为一项必须首先重视的工作。在宏观面上，或可将洪子诚教授的中国当代文学史著及相关史料著述、程光炜教授等"重返80年代"及重审当代文学历史现场的研究倡导，看作是学科间影响背景下中国当代文学史研究的集成性标志成果，也是当代文学研究中史料学转向的最富成效的成果之一。这一成果的划时代性及其强大影响迄今仍在持续，无疑在深广度上推进了当代文学的史料学转向的研究趋势及学术进程。

其三，较大的原因应该要算制度机制上的了，最突出或关键的恐怕是国家学术制度的鼓励与引导，经费、学术评价、学术的现实条件等构成利益驱动的强大杠杆机制。改革开放40年促使当代中国成为一个经济大国，这在教育领域里的直接效果之一就是最近20年国家对于教育，包括大学的资源和经济投入，有了史无前例的增长，看起来今后几年在绝对数额上还会上升。几乎难以想象20多年前我们有过"造原子弹不如卖茶叶蛋"之类所谓"体脑倒挂"的舆论时代，以及大学需要"破墙开店"来保障、维持教职员工的一点点可怜福利。更为重要的是，对于大学的经济投入不仅激励了科研体量的惊人增长，而且也对科研质量的提升产生了越来越明确、越来越迫切的要求，"国家需求，世界一流"成为一种并非停留在表面的口号。由此，学科和科研评估的趋向开始主要由数量导向而向质量导向发展，这就在宏观面上对具体的科研活动产生了直接的驱动和引导效应。近年尤其值得一提的是，在有些发达国家因为经济原因而缩减对于大学人文学科的支持的国际环境下，中国依然对人文和基础文科保持了强大的扶持，不仅在国家层面，许多一流理工科大学为主的学校都在持续不断甚至加速发展文科和人文学科，中国大学的这种现象在国际上几乎是一枝独秀。因此，人文基础学科及相关项目的立项和研究虽然在规模上仍无法和理工医科等相比，但在学科发展的基本态势及保障条件上显然处于不断加强和提升的阶段。正是在这种宏观制度条件的支持下，获得了学科学术研究自觉的人文研究，将转向或加强本学科基础层面的研究建设作为一种专业共识——当代文学研究中的史料学转向只是其中一例罢了。这种现象可以看作是制度支持所激发出的学术自觉、自我期待及普遍意义上的策略调适。对此我们在连续多年的国家社科基金重大项目、教育部重大课题攻关项目等的招标立项上可以看得很分明——各种专业方向课题的资料综合整理和研究及数据库建设成为近年立项新潮。

说到学术策略，特别是出于特定原因的学术策略选择，当然会是学术行为的展开，包括形成当代文学研究趋向的史料学转向的一大要因。一般来看，一种学术策略之所以会成为一种普遍现象，背后一定有强大的诱导或规范力量在起着鼓励或支配性的作用。文学批评乃至当代文学研究，主要面向的是当代的现实，这使得相关研究既难无视当下政治的规约，也不能完全摆脱各种现实利害关系的考虑和牵制，有时陷入两难窘境反而不利于学术研究的价值体现。如果能够寻求一种相对纯粹的学术路径或方式，较能保持完整的自家面貌，也许不失为更好的明智之举。这时，最多客观性的基础研究如史料文献研究自然就会成为首选之一。这其实也是古今学术史上的常态。

有的学术策略选择也可能主要是出于研究者个人的考量。以成说为例说明的话，中国古来的传统学术有类似考据与义理两说之辩，文学批评或大而言之的当代文学研究，无疑更多是倾向于义理之学的。但随着当代文学史研究意识的觉醒和加强，作为支持历史研究的技术手段的考据之学，在基础层面越来越多地进入了当代文学学术研究的领域，特别是在专业教学过程中，比如训练学生的专业文献阅读、史料整理方法进而提升研究能力等，成为专业学术水平的一种考察和体现方式。这一趋向恐怕在近年间已经形成了广泛共识。这在无形中也极大地推动了当代文学研究的史料学转向趋势。总之，以上种种个人经验体会或许有助于说明这一转向趋势的缘由及过程。

二、史料研究尝试及收获

在笔者个人的研究中，发生的情形及思考似乎与上述所有情况都有些关联。世纪之交蔚成潮流的媒介研究，在某种程度上是以跨学科的方式刺激并拓展了中国现当代文学研究的领域，对于文学媒介的集中挖掘在加深了文学生产机制研究的同时，也使研究者充分获得了有关文学生态历史现场的崭新认识。新史料的出现或重新面世成为学术生产力得到巨大释放和提升的有力支持，作为生产资料的文学史料助推了文学研究的扩大再生产规模性成长。只不过当时研究者或许对此并未有充分的、普遍的自觉，并未形成一般学术意义上的史料研究概念，但在文学史研究层面，少数先觉者的新的文学史研究路径已然成型，否则就不会有洪子诚、吴福辉教授等的新文学史著的酝酿和诞生。笔者也就是在此时关注到作为基本资源的文学媒介的系统整理对于文学史研究的重要性——文学媒介研究在根本上也是一项重新清理文学史料的工作。于是，《中国现代文学期刊目录新编》就此成为笔者和合作者在新世纪之初完成的一项文献整理成果；合作者中的李今教授、刘晓丽教授后来又有关于译文和翻译史文献史料、伪满洲国文学文献史料的出色整理和研究贡献。而且当时及事后证明，这还不是一项仅限少数人正在从事的工作。这一经验再次说明，跨学科研究视野所开辟的学术可能，并不局限于一种新的可能性，它也能促使既定研究领域的自省和创新，并由此获得一种整体性突破的可能。文学媒介研究迄今仍具生命力，而其衍生出的多种可能性已经越来越成为研究者的学术探索期待，更多的可行性正在不断扩大，尤其在这互联网新媒体时代的文学研究实践中。

进入新世纪，仿佛一夜顿悟的当代文学史长度的延伸及挑战，对笔者最显著的启发或鼓励可说有两点。一是当代文学史的学术合法性终于有了最基本的保障。此前有过当代是否适宜写史的争议，如今当代文学史的时间长度远远超过了现代，现代文学史能够成立的话，就不能再以时间长短为由决定当代文学史的成立与否。随之也终于有了立足当代整合现当代文学史及其研究的理由。现代、当代文学史的关系，实际上就是由当代文学史的成立方式所决定的，相对固化的现代文学史无法撬动现当代文学史的相互关系，一旦当代文学史获得了相对独立性，也就形成了历史的整体观的理论视野，技术上的历史分期问题更是由后设的历史研究者操控。想当初，"20世纪中国文学"史观的研讨还曾显得有些歧义，如今这应该不会再是一个问题了——主要原因在于当代文学史的成立。二是当代文学史的成立实际上标志着一种相对独立的学科专业终于形成，这就有了学科自觉和学科间影响互动的现象及后果。学科自觉意味着必须充实、完善学科专业范畴的概念、方法、基本结构、历史逻辑乃至一般观点等理论基础要素及其系统，并在实际经验和理论认知上形成一种专业研究的相对确定的领域。这同时也就有了所谓学科间的影响以及跨学科研究的可能。在此意义上，最重要的收获就是终于有了中国当代文学批评史的觉悟。追溯起来，早在世纪初，笔者就开设了中国当代文学批评研究专题的研究生课程，动因可能源于笔者在复旦大学攻读本科时选修了中国现代文论课程，最早的中国现代文学批评史教材也是复旦老师编撰的。既然中国现代文学批评史、中国当代文学史都能成立，中国当代文学批评史的成立不也是顺理成章的吗？但这在理论上的关键是：中国当代文学批评史必须拥有并呈现自身的独立学术逻辑，而非主要只是当代文学史的文学批评版。只有解决了这个问题，当代文学批评史才具有真实的学术价值。为此，学术实践中的第一步便是需要建立当代文学批评研究的基本史料文献系统，帮助研究者获得一种整体性的认知、概观，并得以探索从事专业研究的具体路径或问题所在。于是就有了编撰《中国当代文学批评史料编年》的学术动机和具体规划。某种程度上也可以说，《中国当代文学批评史料编年》的方法是笔者"以古为师"而具体形成的，即借鉴古典研究中传统文献目录学的方法，系统整理当代文学批评的历史文献。在此过程中，笔者将这一专业研究课题与日常教学相结合，既要求研究生通过此项工作系统阅读专业文献，同时培养其发现问题和提炼具体研究课题的能力，希望获得事半功倍的效果。这是从个人教学研究的策略方面着手设计的。为了相关研究能够持久进行，笔者获得了几项研究经费资助，其中最重要的是教育部重大课题攻关项目、江苏省"三三三"人才支持计划、南京大学"双一流"建设经费等的支持。这是笔者所得到的国家科研制度和机制方面的支持。最后，《中国当代文学批评史料编年》十二卷的出版项目还获得了国家出版基金的资助，可谓皆大欢喜。目前正等待着近百万字的结项专著《中国当代文学批评史》的问世，这项工作就将圆满收官。

在笔者还没有获得史料研究自觉的时候，不自觉的史料工作其实早就在进行中了。世纪之交受到文化研究、媒介研究的鼓舞，笔者曾具体设计、投入了《人民文学》研究项目，并获得了教育部立项资金资助。该项研究的最大成果并不是最后出版的理论著作，况且项目研究结项也很匆忙，不尽如人意，而是有关《人民文学》的史料整理和出版，其中包括施燕平先生的回忆录《尘封岁月》《〈人民文学〉复刊和编辑日记》等。从个人的史料工作生涯看，最早或可追溯到笔者对林琴南"林译小说"序跋资料的收集和整理，后在1990年代末完成了《林琴南书话》一书。笔者至今仍以为这是一本很有价值的史料著作，不排除寻求修订新版的机会。与此同时，笔者还跨界涉足过史学著作的整理出版，业余得很，此处略过不举也罢。1990年代中期，笔者从日本返国前，已经注意到国内学术出版的低迷状态，但为了传播邻国的中国文学研究成果，也算是探索国际中国学研究史料的一种编辑整理方式，经历了未曾意料的曲折和困难。好在那时年轻，锐气正盛，不计代价，在朋友的帮助下译著《东洋文论》终于出版。今天回想，都还颇感亲切。

三、从变局常态看当代史料研究：社会需求与学科学术发展的共振

当代文学史料、文学批评史料的研究，还有着超越相对纯粹、有限的专业范畴的延伸意义。或者说，文学的社会历史研究就在文学史料研究的延伸线上。如前人所说，一时代有一时代的文学。从一时代的文学诉求中，我们总能看出时代的需求对于文学的具体影响，包括趋势引导、整体塑造。时代特征和面貌总是决定性地影响了同时代的文学表达，不管在技术层面还是宏观层面。在此意义上，对于时代特征的认识一定有助于把握和判断同时代的文学。反过来说，文学也一定保留了最鲜活、最丰富、最具特征性的时代元素及其精神气质。这就与文学史料研究发生了直接关联。

从晚清开始就有所谓"千年未有之大变局"的说法，昭示了在一两千年的社会超稳定结构形态发展后，面对东西、中外的交流和冲突

加剧发生的现实，中国开始了一种整体性的社会转型发展过程。从洋务维新、科举停摆、帝制颠覆迄今，虽经百余年沧海桑田，这种转型还在继续，改革开放仍是当代中国发展的主流。由此可见，相比中国传统社会的常态性稳定，近代以来进入社会整体转型期的中国，"变局"已经成为现代社会发展的常态。这种变局的常态化不仅体现为社会内部诸多重大变化的发生频率，而且表现在国际关系和对世界的认知观念的不断改变中。这种宏观面上的变局常态，不能不影响乃至决定了国家政策及社会文化、意识形态的跟风巨变也成为一种常态现象。文学史的流变特点同样概莫能外。尤其是从一种断代文学史的限制时空视野来看，近代以来的中国文学流变主潮无不应和了常态化的社会变局现象，几乎无从把握其基本的稳定性逻辑，除了现代白话文学取代传统文言文学终于成为稳定常态以外。于是，在一般意义上我们需要通过文学途径认知和了解其与社会历史的彼此关联性，在专业意义上尤其需要留下常态变局中可能已经消逝或变形了的种种文学历史生态，否则我们的文学史或也将在这种常态变局中遭遇损耗，甚至湮没、遗忘在不可自控的时间之流、社会之变中而不自觉。当代文学史料研究的意义和价值在此就有了现实的重要性和必要性，而不仅是对于历史的保存和记忆。在当代，或对当代而言，历史最近于现实，而现实最快成为历史。这便是当代中国常态化变局给予当代文学史的整体性影响，也是当代文学史料研究必须在当代进行而不完全是一种历史研究的最大理由和文化背景。

从新世纪以来当代文学批评和学术研究的制度条件来看，高等学校无疑拥有着最大的人力资源、经济资源、数据文献资源等，甚至也拥有着最自由的学术研究综合环境优势。这种资源和优势对诸如文献史料的纯学术研究来说尤其重要。新世纪新时代中国大学的"双一流"建设既是又一次社会常态变局或转型对于大学发展的一种现实需求（国家需求），也是大学自身回应社会变局的一种责任担当与使命实践。所谓学科建设的动力或机制何在？简言之就是当代变局或社会转型构成了学术生长的主要时空条件，学术必须呼应、顺应社会和时代的需求；如果说历史积淀是学科建设的基础，那么学科建设的最大推动力就来自社会需求的现实动力。变局或转型，鼓励、呼唤的是新学术视野引领的"学科变身"。这在大学内部同时也成为学科竞争性发展、跨学科发展态势的社会宏观原因。在这种态势下,当代文学研究、批评研究乃至一般当代研究的学科学术基础的奠定和夯实,就必须首先重视或自觉回归到文献资料的基础建设上来,当代文学史料研究即为其中不可或缺的一个环节。这也同时成为新世纪当代文学研究的一个普遍共识。如果说史料学转向确实构成了新世纪当代文学研究的一种趋势潮流,那只能说明当代文学史料研究的深广度已经获得一定程度的挖掘,同时也借此开启了当代文学批评研究的学科专业规范的全面建设——毕竟这是一个相对青涩的学科专业领域。在学科建设意义上看当代文学史料研究,大而言之体现的是专业学术研究与当下社会的共生与互动,由此推动实现学术的宏观价值;小而言之则是学科建设中的自身规范性和学术性要求,否则其本身就难获得学科学术基础的支持。

四、"新"在何处:新媒体与史料研究

新世纪进入的是互联网新媒体时代。新媒体对史料研究而言意味着什么?首先需理解新媒体的工具文明意义。作为一种工具,新媒体对于人类社会的生产力解放产生了史无前例的推进作用,其影响迄今仍未穷尽,这使它有可能成为我们这个时代的生产力水平标志。也就是说,新媒体体现和代表的是我们这个时代从文化层面到文明层面、面向未来无穷之远的人类发展与进步。因此,新媒体与史料研究的关系也就不能局限在工具与研究对象(文学生产资料)的关系层面来理解。

在最基本的意义上,作为文学生产资料的史料与新媒体的关系相对简单,随着文学生产力的提升,文学生产资料的有效利用及新的功能将会因新媒体而获得全面开发。事实上,史料研究因得益于工具便利及系统支持,已经促成了新媒体时代的文学生产效率包括史料研究效率的空前提升,最显著的成果就是诞生了各种学术史料数据库、音视频等纸媒不可想象的巨量内容储存系统。

但史料与新媒体的关系并不是单向的,史料研究并不是单向地受益于新媒体的恩惠。这是因为,在文学生产力的解放意义上,史料研究与新媒体功能达到了精神性的契合和印证。可以说,史料研究也是生产力解放的支持力量和保障机制,并以其内容服务赋予了新媒体在学术生产链中的效率保障地位及不可取代性。看起来像是一种巧合,或许实质上就是新世纪新媒体时代的一种学术转向诱导——新媒体的技术发展使我们加深了对于史料研究的精神性认识,即在解放和提升文学生产力水平上,史料研究与新媒体完全一致,都是面向未来文化和文明发展趋向的,两者首先都是基于人类生产力的空前解放。这对史料研究来说或许是更为重要的观念,史料研究是向前看的,而不是向后看的。这是认知史料研究价值的理论关键和思想含义之所在,就此也和新媒体的技术发展及工具文明精神高度一致。

我们常常这样质问、判断史料及其研究的价值:某项特定的史料使我们的研究对象或问题改变了什么?尤其是更新了什么?史料是否导致了新方法、新观点的产生?显然,这是一种学术性的理性质问,但笔者想用一种富有文学色彩的方式予以回应。史料研究打开的是未知世界的大门,那当然就是一个新世界,而非时间意义上的旧世界。史料研究的每一点进展,都是对于新世界的发现和照亮,而非只是在旧世界里的探秘。史料研究是进入新世界之门的必须路径,而非仅是对于旧世界的技术修复、还原或自得其乐的流连忘返。史料研究是对文化文明的忘我尊敬而甘将生命投入其间的追求光明的事业,而非期待秘籍自珍的幽室掘宝。一切将历史遗存、人文结晶据为己有的企图和行为都是不道德的,而且也将使启蒙光明的史料研究拽入黑暗之中。对于史料研究及其价值实现的所有理想化期待,在新媒体时代应该有了更为可靠和强大的技术保障,这是纸媒时代所无法比拟和想象的。

不过技术的强大功能同样引出了新媒体时代史料研究的忧思。史料研究的基本目的是呈现被"遮蔽"的史料价值,在这一过程中有我们对于史料的信仰与质疑。相对于纸质时代中物质和权力对于史料的遮蔽影响,借助新媒体而起的学术泡沫和伪造阴谋对于史料的遮蔽可能会更为严重,我们对于史料的信仰和质疑在新媒体时代会成为一个

当代文学的转型与新创

空前的矛盾，并构成一种严峻的学术挑战。并不能排除这种可能性，因为如果对新媒体的技术道德丧失了信心，我们会同时对新媒体时代史料研究丧失信心。这不仅在技术层面需要小心谨慎，更重要的是必须强调学术共同体的价值观，尤其是我们的学术道德和研究伦理。这首先是作为研究主体的人的问题，连同学术制度和相关评价机制的问题，而非新媒体（工具）的问题。

五、史料研究"四义"

在最近的一篇文章中，① 笔者把自己对于史料研究的价值体现概括为"四义"。何谓史料研究"四义"？即一为求真，二为求解，三为求义，四为求价值实现之度。

求真是材料的第一义和基础价值。其中，材料本身须为真，即真材料；这也是对材料确凿身份的考实。其次则是用真材料获求对象、事理的客观真相。这应该是关于材料之用的首义。求真主要面向客观，但治学写史的动因并非为客观而客观，必有现实的甚至切身的主观动因，即求真至少是为了回答或说明某个具体问题，就是对于特定问题的求解。

求解就是用可靠的材料通过逻辑关系获得问题的合理解释和充分理解。求解需要更多智力劳动和综合能力，比求真体现出更明显的主观性，专业研究成分更为增强充实。一般所谓问题导向就与求解的专业动机直接相关。

求义是在理论上更进一步，从具体对象中跳出来，也就是超越具体对象或问题的确认及求解，寻求研究的抽象性、一般性意义，提升相关的理论认知水平。这是学术研究的很高境界，多数人并不能达到，但悬为目标却是必须的，否则研究的意义或目标追求就如画地为牢仅具特定个案价值了。

---

① 笔者最早提出上述四义是在长沙易彬教授主持的会议上，最近一次则是在中国社会科学院文学所纪念中国当代文学研究 70 周年大会上。相关文章发表在《新文学评论》，此处文字略有改订。

所谓求价值实现之度是一种整体性、综合性的深广度追求。实际研究过程不会如逻辑理性所分析的那样条理化、理想化,总有各种参差发生,不可能为求形式而伤及内容或主要目标的实现,须得有一种相比更高价值层面观照下的利益、利害关系考虑来决定具体研究的推进和走向,以获得具体研究价值实现程度的最大化。同时又须考虑多种可能性的实际存在。理论研究毕竟只是一种逻辑的可能性,而且常常碍于思维局限并不能穷尽所有可能,归根究底,理论研究不能完全取代或代表客观事实存在的真实性。所以学术研究价值实现的深广度追求在理论上可以是无限的。由此也可见,史料研究"四义"并非各自孤立追求,而是同体连枝、荣损相依的关系,从材料出发而达到研究的最高理想目标。

上述史料研究"四义"的要义,抽象地说并无多少新意,只是笔者在实践中形成、概括而成的一种体验、体会和认知。一般总说史料研究须与宏观研究相结合,宏观着眼,微观着手,而从史料立足出发;意谓微观技术手段的具体价值须在宏观层面获得高水平实现,亦即史料研究应在宏观研究中显示学术价值。同时,史料研究又能够支持一般理论的构建,包括形成新的专业历史观和专业研究逻辑。笔者近年从事当代文学批评史料研究的主要目标,也就是要支持并形成一种中国当代文学批评史观,包括批评史著的宏观逻辑系谱及具体撰著方式。实际成果及水平如何则尚待检验。如胡适所言,自古成功在尝试。姑试之。

当代文学史料问题的多维视野考察

一、当代文学史料问题与"以古为师"之义

史料问题之所以会成为近年当代文学研究领域中的一个关注点,笔者曾将之归因为几个方面,即当代文学史的时间长度(大约已是现代文学史的两倍)催生、强化了学科基本建设的意识、学科间的影响和跨学科观念与方法的自觉、学术制度和机制的支持与引导、学术策略的设计和选择等。① 当代文学史料学的要义不外乎研究相关史料的源流、价值和运用方法,是当代文学史研究的基础并为之服务、提供材料支持。史料学与文献学有关而又有区别,可以将文献学纳入广义的史料学范围。② 在当代文学研究意义上,史料观念支撑了一个默认

---

① 参见拙作《新世纪文学批评:从史料学转向谈起》,《小说评论》2019年第4期。另举几例,以见大概。如吴秀明主编的《中国当代文学史料问题研究》(中国社会科学出版社2016年版),对诸多宏观问题各有归类析论;洪子诚、程光炜等多年引领潮流,贡献突出。史料案例研究方面,如王秀涛对第一次文代会史料的发掘,最见功力和价值。最近的代表性研究,如武新军《当代文学史料整理与研究中的几个问题》(《文艺争鸣》2020年第6期)所涉面广,讨论甚详。顷见《文艺争鸣》2020年第7期目录,黄发有《论中国当代文学批评史的史料拓展》一文,可资参见。

② 史料和文献的关系说法不一,综合各家之说,一般可以将史料主要区分为文字、口述和其他形态(如实物等),其中的文字史料构成文献学的主要内容。至于广义的史料学,则甚至有如傅斯年"史学便是史料学"一说,包括的范围几乎就跨越了所有学科领域了。本文从一般概要说说,不做申论。

的前提，即认可了当代文学史的成立，当代文学研究在历史层面获得了学术合法性，不再只是感性审美经验表达的批评形态（或准理论形态）了。①

史料之重本是所有学术研究的共性，不仅限于史学性方向的研究。当代文学研究之重史料，乃至有史料学转向之说，有其特定原因，但归根结底也是学术研究共性的表现，并不能因此就以为可以有不重史料的当代研究，或史料研究可以是当代研究的一个单独领域。由此，我们应该从史料对于学术研究尤其是对当代文学研究的特定重要性开始讨论。史料的学术场域主要在历史层面，当代文学史料问题是将当代文学研究历史化的一种表征，是将当代文学研究的学术语境置入了文学史的一般范畴。这就与本文（作者近年一直思考的）"以古为师"② 全面提升当代文学研究水平的看法有关了。

以古为师研究当代文学史料问题，大而言之，是从方法论上拓展当代文学研究的视野、路径、手段等，体现的是学科互动、跨学科的基本意识，甚至可说是一种学术方法理论的自觉创新诉求。以古为师的具体考虑是从知识和经验系统、广义的研究方法或基本的学术呈现方式、学术规范和价值观（理论）诸方面，将当代文学的研究对象、研究过程、研究主体的学术位置予以相对严格严谨的规范化；某种程度上，是将文学批评提升至理论逻辑层面包括历史化的一种努力。在学科建设的意义上，就是完善当代文学研究的理论形态、方法和系统。

---

① 对于文学研究的对象和方式的区分，一般分为文学批评、文学理论、文学史研究，如影响极广的韦勒克、沃伦《文学理论》（最新版本是刘象愚等译的修订版，浙江人民出版社 2017 年出版）中对于此种三分就有明确主张和阐释。笔者近年承担教育部重大课题《中国当代文学批评史》项目研究，对此有粗浅考虑，参见拙作《中国当代文学批评史研究刍议》（《当代文坛》2012 年第 4 期）、《批评史、文学史和制度研究》（《当代作家评论》2012 年第 4 期）、《登高临深，不可为而为之——关于中国当代文学批评史的研究及史著撰写答问》（《新文学评论》2019 年第 2 期）等。

② 对"以古为师"之说的个人体会，大致分列三层：一是当代文学批评和当代文学史研究的学术规范方法要以古代文学史（史学）经验为师；二是当代文学学科体系建设要以古典学科经验为师；三是当代文学要以古典文学（传统经典）价值观及审美经验为师。

当代文学的转型与新创

从中国现代学术观念及方法的具体实践看，以开创新文学、现代学术的两大巨擘胡适和鲁迅为例，他们都是用新法（现代观念和方法）治旧学（本土传统资源和对象的研究），尤其是开拓人文学术（包括文学）的史学新路径新形态而垂范百年，形塑了现代（文学）学术传统的规范。① 胡适有《白话文学史》（1928）等，鲁迅有《中国小说史略》（1923—1925）等。他们的学术创新贡献在哪里？从今天的学术语境特别是本文旨趣上来说，格外要强调的有以下几点。一是在观念上体现了中外和古今的汇通，成就了现代的中国人文学术典范和治学传统。所谓现代，是指其将中国学术传统资源与世界学术相通相融并有所创新，而非另立一种中外、中西之间的历史"断流"界限；所谓中国人文，是指其与世界性相通的民族性精神内涵，即突破了民族性局限的融汇于世界性范畴的普适价值内涵，代表了现代意义上的中国人文学术的主体性存在。② 二是重建、重释了史料或文献谱系，并将之形成一个历史理论的知识逻辑系统，首开相关学科史研究传统之先河。这主要是属于现代学术规范意义上的贡献。三是基于或始于传统资源的旧学研究而提炼出了当下性问题，并在时代思想前沿的站位高度、目标向度上予以了价值层面的多样性阐释，打开了现代学术的思想拓展空间。③

由此也可以说，现代学术传统在很多学科领域、很大程度上就始于旧学之新创新制，就始于中外新旧之汇通的旧学新释新证。学术形制是新学术新规范，具体内容则是旧对象旧知识，由新逻辑重新格式化了旧学识。主导引领的思想主干构架是无形的学术观念理性，有形的生命躯体则以史料为血肉支撑。在新旧文化转换的特定时期，以古

---

① 如胡适倡导"科学方法"、"整理国故"、将实证（实验）主义与乾嘉学派融汇的中西方法论学术主张和实践，鲁迅的进化论思想、尼采哲学、个人主义和人道主义思想对其文学史观、文学价值观的深刻影响，包括他对中国古代文学理论的有机包容、提炼和化用及对作品价值进行阐释的文学史论述。

② 参见拙作《再论"越是民族的，就越是世界的"——从鲁迅的信说到跨文化传播》，《文艺争鸣》2020年第6期。

③ 1992年百花洲文艺出版社有"国学大师丛书"出版策划，拙著《鲁迅评传》受邀忝列其中首批出版。拙著首章不揣幼稚，始有试论现代新学术之思想贡献的冲动。

为师更多表现为旧学论域支持了新学术新文化的建立和发展。所谓旧学出新义，具体说是人文学史、文学史学支持了新文学、新文学批评的历史合法性和学术性。故而新的学术工作首先也就要在重释史料的新价值上下功夫、出新义。某种意义上，这与陈寅恪所谓"假"史料亦可有"真"价值之义近同。① 学科意义上的新文学史由此得到启发、鼓励和酝酿。这其实是现代早期尚未自觉意义上的跨学科研究成果。对此，笔者想强调的不在于新学创新了旧学，而是新学在旧学中、借助旧学获得了能够得到既定知识和经验（近似后来所谓学术共同体）认可的学术合理性、历史合法性、文化价值地位。因旧出新，新旧相辅，源于以旧证新的知识逻辑沿袭。这种学术历史逻辑也可用以理解、解释新文化对于旧传统的知识继承。②

后人引用"一切历史都是当代史"（语出意大利史学家哲学家克罗齐）这句话时，一般强调或侧重的都是对于历史的当代阐释动机。但当代阐释动机的合理性及其理论价值的实现，仍有赖于具体历史——技术层面的史料及其关系逻辑的支持。新旧关系绝非对立，甚至，创新源出守旧，否则创新就成无源之水，无以致远；守旧支持创新，唯有创新才

---

① 陈寅恪在《冯友兰〈中国哲学史〉上册审查报告》中写道："以中国今日之考据学，已足辨别古书之真伪。然真伪者，不过相对问题，而最要在能审定伪材料之时代及作者，而利用之。盖伪材料亦有时与真材料同一可贵。如某种伪材料，若认为其所依托之时代及作者之真产物，固不可也。但能考出其作伪时代及作者，即据以说明此时代及作者之思想，则变为一真材料矣。"这也是新史学新学术的人文"释古"之义。

② 现代新文学新文化对于传统文学文化的继承问题，一向是现当代文学研究中的一大关键，如学科开创者之一的王瑶先生就有关于中国文学遗产、中国古典文学对于新文学影响的重要论述，包括《鲁迅对于中国文学遗产的态度和他所受中国古典文学的影响》等；2008年北京大学出版社还出版了辑录王瑶先生相关主题论文的《中国文学：古代与现代》一书。历来学者所论不胜枚举。原因或在弥合新旧历史断裂的焦虑，同时也为新文学新文化寻求历史资源的支持。从历史唯物主义立场出发，也有辩证阐释历史传统新价值的政治必要。不过，从新学术形态包括新文学批评来看，新思想新观念其实最早多在旧学研究领域获得自觉而充分的运用和发挥。也许早期新学术新知识者的知识储备和历史经验系统主要乃由传统旧学范畴所构成，正所谓出生旧家庭而脱胎新时代、开创新世界。对此学术历史现象的统观了解，也可参见黄修己《中国新文学史编撰史》（第二版），北京大学出版社2007年版。

当代文学的转型与新创

能守旧，守旧因创新而延续生命香火。学术的传承，尤其是历史学术的传承，就是在不断进行着一种历史的重释和重建——当代史就此得以成立。在此意义上，所有的史料都因转化为当代史料、拥有了当代含义而获得了新的生命和价值。

换言之，当代史料也是指当代学术视阈中的历史资料，并非仅限客观时间上的当代原生资料。因此才有了客观意义上的"一切历史都是当代史"的史料保障，而非仅指这句话的当代阐释动机含义。史料不仅具有历史性，在历史研究中，史料同时具有当代性；反之亦然，当代材料同样可以进入历史研究而获得历史性的价值地位。对于史料的当代认知，同时赋予了当代资料的历史性，并建立了历史研究中的当代史料基础。

当代文学史料亦作如是观。当代文学中的史料概念，必须具备几个重要的实际前提才能成立。一是历史，即时间的长度。但当代的时间长度并不易有客观性的把握和规定，为补主观经验和客观标准的双重不足，就须引入和借重学理性、逻辑性的规范与判断。好在当代文学史的断代有个直接公认的客观标准，那便是新中国史的断代依据。此前的现代文学多指国内民国时期的文学史。二是关系，指资料间的关系逻辑。这需要学术手段加以证明和落实，使之成为一种历史关系逻辑中的联结环节，而非孤立素材。这意味着纵向关系外，还须有横向或共时关系的考察。三是观念，即文学史的理论认知及实践方式。著作形态的文学史著并不难，难的是史著的思想观念及其逻辑化的演绎和展开，即史著的整体有机构架和理论阐释能力。这是强调史料、史识和史观的理论与内在关联，尤其是史料与思想阐释、思想能力的关联。四是规范，即具体研究方式和过程中的技术规定性及形式合理性。这也可说是在消极意义上抵制不顾条件和技术限制的过度阐释冲动。尤其是当代文学研究，须对文学批评的激情和自由有所限制、设置底线，否则难免导致史料功能的"溢出""越界""出轨"。

由于当代文学史料的成立，即史料意义上的当代文学的成立，当代文学才从批评进入了历史，进入了理论，进入了学术性的研究范畴。也就是从感性和经验领域跃入了理性思维和抽象观念的领域。当代文学也才拥有了制度性的现代学科身份。史料（观念）使当代文学获得了学术和学科的双重身份,此前,当代文学的含义主要指创作和批评。这是一般的认知,也说明史料之于当代文学的重要性。

广而言之,历史视阈中的古代和当代既有区隔,也能互通。古代文学也曾是当代的文学,古代文学无不经由当代的文学演变生成,并在此过程中成就典范,可谓无当代即无古代,亦无古典;当代文学的进程就是古代文学经典化(古典文学化)的过程。同理,当代文学终会成为古代(古典/经典)文学,古代(典)是当代的归宿,且当代文学必须走向古代并成为古典,才能在历史意义上获得文学价值的实现和确认;古典文学应该成为当代文学的终极支持力量,当代文学必须获得古典文学的历史价值支撑。这是当代文学(研究)需要以古为师的内在、内生的根本理由。

这同时回答了史料在新与旧、古代与当代关系中的作用和地位问题:当代史料兼有"新史"与"旧料"的功能——当代文学史料之功就在这新旧之间,或兼有新旧之功。

二、当代文学史料的文献学含义与镜鉴

文献学具有专门的学科地位和身份。以古为师的具体化,可以从当代文学史料的文献学学科及学术意义上得到进一步的阐发和理解。学科制度设置上的文献学,目前明文规范的有相对狭义的古典文献学(中国语言文学一级学科下的二级学科设置)。学术意义上的文献学(研究)一般以传统的文献学经验界定为基本依据。习惯上会将古典文献学简称为古籍整理,扼要地说,古典文献学的基本特征是运用综合方法对(主要是古代、纸媒)文献进行鉴定工作,包括分析、整理和研究,并辨析、阐明文献的生产、流变、作用和功能等,也包括对文献工作本身特点的研究。看得出文献学中既有专门技术工作,也有

当代文学的转型与新创

内容思想判断,同时还有生产、流通和传播的过程效果研究等。① 文献学的功能要义也许溯源刘向父子的古文经学宗旨可以体会一二,笔者的理解即以所谓"辨章学术,考镜源流"而达到校书存经的文化目的,其中当然也会包含强化文化资本和意识形态话语权的目的。就其恢复典籍原貌、承传经学正统的旨趣来说,文献学可谓兼有历史逻辑的观念和典籍鉴定的方法,即文献学是有思想价值观内涵和总体方法论思考及技术手段设计的。广义的史料研究可以得到相对狭义的文献学的支持。

史料是当代文学史研究的基本要素和素材资源,包括文献学在内的学科观念和方法的运用具有关键意义——当代文学研究应该获得文献学意义上的学术保证。这话的主要意思是指,(一般或广义的)当代文学史料的成立应该获得文献学意义上的鉴定和认可,当代文学史须获得文献学的基础保障和技术支持。近年有学者将文献学区分为学科范畴、方法论范畴二义,着重讨论了作为文学研究方法的文献学。② 其实,即便是学科范畴的文献学,也具有方法论的内涵,也有义理和理论阐释的学术诉求与目标,并非纯是文献史实的考据。文献学是以技术为手段和依据的一种学术范式,包含材料、方法、观念和理论的内容。故而笔者曾将史料之义归为"四求之义",也可视其为理解文献学的题中之义,即求真、求解、求义、求价值实现。③

用文献学将史料定位在学术研究的基本地位上,自与当代史料实为一切历史研究的基础这一观念有直接关系——如前述,古典学也由

---

① 一般认为文献学滥觞于西汉末年的刘向刘歆父子整理群书。作为现代学科专业的大学古典文献学课程设置,据说始于1950年代末的北京大学,改革开放迄今,已经成为国内高校人文学科普遍开设的专业课程,并有20多所大学将其设置为二级学科方向招收硕博研究生。

② 张三夕、刘烨:《论作为一种文学研究方法的文献学》,《湖北大学学报》(哲社版)2019年第4期。该文对于文献学的区分,既有古典、现代之分,也有广狭二义之分,还有学科、方法之分等,都可提供拓展研讨的视野和路径,择善而用,无须偏废。

③ 参见拙作《新世纪文学批评:从史料学转向谈起》,《小说评论》2019年第4期。另见《文学·批评·制度——就"当代文学批评史"研究访谈吴俊教授》(《当代文坛》2018年第5期)、《登高临深,不可为而为之——关于中国当代文学批评史的研究及史著撰写答问》(《新文学评论》2019年第2期)。

当代而来。但本文所论的意图主要在于将一般当代文学史料之学连接到传统文献学的范畴，希望彰显突破学科壁垒的跨学科含义，并由此（策略）将当代学术视如经典学科。强调当代史料在文学领域获得学科建设表征的显示度，既有特定学科建设意义，也有学科理论和学术研究视野及观念认知功能。史料观念对于当代文学的支持完全不是一个有限的技术话题，而是学科建设意义上的一种观念提升和体系建构。这也再次强调跨学科的要义不是一种技术或策略，而是一种观念和范式的系统转换和融通，是由局部而至整体的一种全面新创。新的学术观念、范畴和方法由此萌芽而生成壮大。①

申言之，文献学意义上的当代文学史料兼具了普遍性和特殊性的两重阐释功能：对于文学批评而言，文学史料有助于提供批评资源、态度倾向乃至思维方式的支持。这是文学批评的专业精神和立场。对于文学史研究而言，史料承担了所有历史研究共同的基本使命，为事实（史实）澄清、原因揭示和逻辑归纳、问题提出及意义和价值阐释、未来可能的预判或建议等，提供基础服务和支持。可以说，史料通过文献学支持了历史重释重建的可信性，再以重释重建历史的方式达到现实认知的合理性和科学性，进而有可能在更高层面重新理解历史—现实过程中的偶然性、必然性及所关联的复杂性——这种学术目标在一般以感性审美为特征的文学批评活动中难以达到。因此，文献学跨域进入当代文学、当代文学批评，不仅经由史料的研究提炼而使当代文学的理性内涵在批评（经验）之外得到了学术实践的规范支撑，而且也使整个当代文学史的研究获得了相对可靠和稳定的学理基础。当代文学史料文献学既支持了批评和论史的有据，也支持了有据的批评和论史。

---

① 这与近年建设和发展"新文科"等的宗旨相关且一致。一般认为新文科概念及教育实践最先由美国希拉姆学院于2017年前后提出并实施。将最新技术内容融入传统人文专业课程中，提倡跨学科学习、培养和发展。2018—2019年我国教育部高等教育司指出，高等教育创新发展要全面推进"新工科、新医科、新农科、新文科"建设，随之推出"六卓越一拔尖"计划2.0版。有观点简括为，新文科的建设手段主要是对传统文科进行学科重组，即文理交叉。笔者所见的最新研究文章是王学典的《何谓"新文科"？》（《中华读书报》2020年6月3日）。

可见，当代文学史料（研究）借助文献学跨域、跨学科路径及观念，必然有助于提升自身技术手段水平和能力处理当代文学问题，包括解决当代文学中的结构性问题和理论问题。回头再看当代文学研究中的史料学转向所体现出的价值目标（动机）、具体效果（期待）、理论意义等，就会有进一步的认识。当代文学，特别是文学批评，对于历史、史料的工具化运用和技术性处理主要体现为具体的量化指标维新，细节和特殊性由此获得重视和凸显，但不会产生系统的结构性改变，相关论域的既有价值观也不会遭遇质疑或颠覆。说到底，这还是一种技术层面的实用态度在主导史料功能的挖掘和发挥。但通过对历史、史料的反顾、重建和再解读，系统性地更新、提升当代文学的自身认知能力和学术内涵阐释，推动、完善学科学术的结构性调整，将有可能全面影响甚至改变当代文学研究主流，形成新的学术格局和基本共识，完成拓展性和跨越性的整体发展。史料研究的作用指向和这种学科学术的新生形态及内涵提升，具有高度的契合性和根本的一致性。

历史的经验和学术流变的普遍规律提醒我们，宏观态势上发生、呈现的当代文学史料学转向，潜台词里必定含有现实的指向。也许，历史只是姑且被使用为策略。一般而言，转向或再偏重史料，基本含义在于强调重新开放或进入历史的必要性已经出现了；反过来看，也就是现实资源已经难敷其用，偏重史料的转向动力很大程度上源自对于现实的失望、质疑或批判的不信任动机倾向。宽泛地说，在当代文学领域，这其实就是文学批评在学术性内涵、品质和能力等方面遭遇的严重质疑和不信任。一旦文学批评不能满足应对现实语境中生成的问题的期待，就需要重建一种针对现实的批判性视野，填补既定观念或方式遭遇的现实困境，其必不可少的路径就是要设法重建现实的逻辑，乞灵于历史不待言就成为不二首选。历史视野就此重新展开。对当代文学来说，史料研究的需求就成为一种现象级的学术态势和潮流倾向。近年或世纪之交以来这一波史料研究的潮流兴起，恰逢其时地承担了当代文学学术学科转型和提升建设的时代使命。它将使当代文学真正跻身于正统、经典的学术学科传统领地。传统的文献学观念和方法将使当代文学有力地破除"当代无史料""当代不可或无法写史"之类的惯性盲区和误区意识，筑牢当代文学的历史性内涵支柱。当代文学也将由此刷新完成自身的学科身份标识，开始成为一种符号化的经典学科，虽然经典理论和学术体系都源自广义的经验和批评活动。

三、国家文学制度视阈中的史料学

在目前的文学学术实践中，讨论史料与当代文学批评及研究的基本关联，还须引入一个特殊的定性要素和一个关键的变量要素。定性要素是政治，最大的政治就是国家制度。变量要素是网络新媒体技术。也就是说，学术现状还需要在制度（政治）、专业批评、技术（网络新媒体）构建的三维语境中来进一步拓展深广度地讨论当代文学史料问题。

先做一点简单区分，从文献学角度看，史料主要有个真实性与否问题，首先须鉴定史料的准确身份。从批评角度看，史料有意识形态含义和使用策略动机的双重倾向，即史料的使用是有机的和有目的的。从政治角度看，史料将遭遇或发生制度设计层面的刚性规定问题，即政治尺度的规范性或有限性问题。这也是当代文学史料的显著特殊性问题。从网络角度看，以上三者的惯性和经验都程度不等地成立，但也都可能被挑战甚至被颠覆，即网络语境会改变关于史料的意义、价值等所有的基本认知及实践方式。

从国家权力制度的政治视野定义中国当代文学，笔者概括名之为国家文学。① 国家层面的制度规范和机制操作是中国当代文学最显著

---

① 关于国家文学概念的提出及讨论，最早始于2003—2004年，稍后推出专著《国家文学的想象和实践》（吴俊、郭战涛合著，上海古籍出版社2007年版）。近年笔者在《文学·批评·制度——就"当代文学批评史"研究访谈吴俊教授》（《当代文坛》2018年第5期，该访谈另一作者是海南大学人文传播学院李音教授）、《"新中国文学70年"的几个文学史问题》（《小说评论》2019年第5期）、《不确定性中的文学批评之惑——从制度转型和文学生态之变谈起》（《小说评论》2019年第6期）等文中，仍在尝试深化和完善。

当代文学的转型与新创

的政治特色,构成了中国当代文学的标志性或区别性意义上的宏观历史特征。国家文学意味着国家权力及其意识形态在内容和形式上的诉求,对于文学观念及生产、传播的全过程具有制度刚性规定的支配性和决定性,这一制度体系的设计以绝对权力才能有效行使的利益奖惩方式保障和维系着制度机制的社会化运转。最突出的文学史显例就是,第一次全国文代会甚至比中华人民共和国的成立早了三个月召开。这是制度性建设的国家文艺成立的一个标志,也显示了文艺在新中国国家意识形态系统中的特殊地位。在文艺体制的专业领域内部,国内建立了全面完备的组织机构,具体形式有国家至地方的文联作协群众团体等(近年又新建了网络作协或网络文学创作委员会等),都获得了国家资源的强大支持。从评价机制看,国内文学领域最具影响力和权威性的"四大奖"①,都由代表国家文学权力的专门机构中国作协等主办组织评选。其他各种奖项,② 除了单项奖奖金可能各有差别,有的甚至高于"四大奖",奖项本身的实际荣誉、社会地位、文学影响都无法与"四大奖"相比。这是当代中国文学的国家制度特征及文学权利关系场域(包括文学市场)所决定的,是当代/新中国文学实践所选择和设计的发展方式与具体路径。不妨简略而抽象地说,国家文学是一种在实践和理论上都呈现出高度制度化、组织化的文学体制和机制。国家文学体现的是中国当代文学、新中国文学的制度建设特征。

必须郑重强调,国家文学制度好比曾经的计划经济、改革开放的社会主义市场经济的道路设计,是充满了中国特色的国家建设实践,国家制度的有机构成部分,最终证明也是中国经验和制度自信、道路自信的根本所在和实践来源。如果因时代条件的变化而调整了具体路

---

① 四大国家级文学奖,即茅盾文学奖、鲁迅文学奖、全国少数民族文学创作奖(骏马奖)、全国优秀儿童文学奖,均标举为"中国具有最高荣誉的文学奖项"。

② 较著名的有京东、新浪、华语文学传媒等文学奖(或大赛),还有冰心、孙犁、柳青、浩然冠名的散文奖、文学奖等。各省市各种名目的文学类奖项不胜枚举。境外的奖项,如香港的庄重文文学奖、大学文学奖、世界华文长篇小说奖(红楼梦奖)等,台湾的联合报、台北时报、台湾时报组织的文学奖等。

径和设计策略的实践方式，便对此做出基本否定的价值判断，必致割裂历史，严重违背历史唯物主义的正确立场，也是对当代中国建设和发展的历史成就的盲视。可以认为，中国当代文学的成就主要来源于国家文学制度的设计及其机制实践，并且，我们目前和未来仍置身于国家文学的制度框架内。对学术研究和历史考察的理论工作而言，我们需要关注和重视的应该是国家文学制度的体系建设问题、实践方式问题，还有各种权力和利益关系的复杂性问题，即着眼于完善制度的制度实践才是我们的最终目标和工作意义。就此来看，国家文学的制度设计和刚性规定特点，对于当代文学包括史料文献在内，都有同样的基本要求和约束。

这可以再从几个主要方面来说明和理解。首先最重要最根本的，当然就是国家权利（权力和利益）的绝对价值地位和权威主导作用，国家权利划定了当代文学的权利底线。这对学术研究的要求便是必须充分重视当代文学的制度实践研究。具体到史料的考察和研究，史料具有决定文学史的内容书写、意义呈现、价值评估的直接作用。本文一再强调，史料不仅是文献学意义上的材料，史料的价值体现一定会与史论倾向、立场及使用方式和具体观点的表达相关。所谓论从史出之史，就是具体的史料之史。而且，史料的特殊意义或其鲜活的生命气息，透露的往往是制度实践的细节真相和意外隐秘，不会完全只是理论或明文制度的印证。在广阔的文学史空间，史料所显示或填补的诸多史实，完全可能是制度设计未能充分覆盖或辐射到的某些领域或对象。这类史料现象的再现、复活、重释、重估已经成为常态。这对学术研究的客观性、政治性的关系尺度把握尤其构成严峻挑战。史料及其历史呈现的不同面貌和功能作用，揭示的是当代文学的流变原生态，史料的出现方式和使用方式也有历史和政治逻辑，史料背后的决定因素和力量离不开制度实践的微妙作用。于是，学术政治就成为这个时代对于当代人文和文学研究的特殊考验。经世致用未必就与学术至上相矛盾。有些史料的处理悬疑问题也许仍然留给时间更为合适。

其次，在文学生产视野中，重新理解史料和制度实践的身份关系定位，即史料是生产资料，制度实践则是生产方式及过程。两者产生的价值——应该是（史料的）增值，成为文学史及其可能的衍生品。

当代文学的转型与新创

文学史的政治和政治的文学史,在史料及相应的生产关系基础上催生出合体效应。

新中国文学是国家权利制度保障的文学生产体系。中国当代文艺产品的价值实现,一方面当然取决于市场需求,另一方面具有决定性支配权的是国家文艺机制,后者代表了广义的国家权益立场。必须重视对文艺生产关系的把握,对文艺生产资料(包括史料)的生产及其增值意义须具备充分的认知和准确的判断。从政治上看,这是制度实践的方式及成效;从文学史上看,这是文学的时代生态及流变趋势。贯通其中的内涵本质是文艺产品、生产过程、制度实践所体现和代表的价值观、意识形态。

国家文艺制度的刚性规范能够制约文艺产品的价值实现、回报和收益,包括对文艺市场产生制约,其中也有对一般文艺单位、组织机构和社会平台等的刚性制约。近年有关网络产品生产、传播的规范制定就充分体现了相关制度建设的动态完善过程。① 这也再度凸显出了当代文学产品的内涵与表现方式的政治性。这可以说是中国当代文学、新中国文学历史实践中的一项制度建设经验——观念的价值地位必须有制度的力量来支持。文学史必须注重这种特定生产关系的研究,包括具体史料的生产意义及意义生产。

再次,可以主要从观念和意识形态的体系及理论性质来看。正如经典理论所阐释的,马克思主义理论是科学性、革命性和实践性的理论,同时也是一种具有并表达鲜明阶级性(立场)的理论。当代文学史上的所有重大论争和文艺运动都具有理论立场之争,即政治正确之争、国家意识形态导向之争的内涵或本质。这对史料的影响何在?史料的意义和价值多在历史语境、历史过程和历史研究中才能得到充分

---

① 目前,国家和地方相关的管理机构及行业团体,包括中央网络安全和信息化委员会办公室(国家互联网信息办公室)、中央宣传部(含国务院新闻办公室、国家新闻出版署、国家版权局、国家电影局等)、国家广播电视总局、中国作家协会网络文学委员会(2015年11月23日成立)以及各省市网络作家协会或网络文学(创作、专业)委员会等。原国家新闻出版总署、信息产业部于2002年6月27日颁布《互联网出版管理暂行规定》;自2016年3月10日起,国内施行国家新闻出版广电总局、中华人民共和国工业和信息化部发布的《网络出版服务管理规定》。近年仍有相关法规条例持续发布。

彰显及实现。这暗含了被历史遮蔽的常态性和必然性的存在。在根本意义上，当代文学的时代语境决定了文学史料都会涉及或具有政治性，抑或具有泛政治性的特点。除了文献学意义上的甄别，史料不可避免意识形态含义或政治倾向，尤其是史料的使用方式是主观的。在学术实践中，史料的阐释功效多由使用方法所决定，如果史料使用的目的不能不具有主观性，甚至不乏立场决定观点倾向的政治性，这无疑会使史料本身及其使用过程中的真实性、客观性、完整性面对巨大的风险和不确定性。由此也就能明白史料研究中强化文献学学科意识及学术规范的重要原因。这是一种学术实践和制度实践过程中的博弈考量，是历史和时代语境、文学和学术语境所酿就的学术政治考量。

综合史料、（文学）史学和学术政治的关系略加辨析，具体史料本身并不能构成史料研究的全部（目标），尤其是技术层面的文献学史料研究不能穷尽史料研究的全部乃至主要的学术意义与价值。史料研究的基本指向是历史研究，后者的逻辑、观念和理论系统必将成为史料研究学术延长线上更为重要的目标。因此，史料文献研究须具备眺望远方（不仅是过往历史，还有现实与未来）的深邃、宽广视野，才能领会、阐释史料文献研究中的内涵和价值，挖掘出其中的丰富学术性和思想性。史料研究的直接后果既落实在特定历史范畴，但历史的回声一定会传递到当下，成为当下书写历史包括当代史的重要影响因素。史料所具有的影响甚至决定历史与当下的事实或逻辑关系的功能，凸显了史料牵一发而动全身的系统性关键作用。显然，史料研究全部过程中的价值判断必然充分灌注和体现着鲜明的政治性，史料研究的学术归宿一定会越出一般或狭义文献学的范畴，进而到达学术政治的关系和价值思考层面。

所以，笔者在一般意义上并不认同或理想化地认为史料及其文献学研究完全是客观中立的这一说法。毋宁说，客观中立确实是史料文献研究的理想学术目标或期待，但当代文学史料研究需要超越性的智慧，才能胜任自身的专业角色和完成学术政治使命。

要而言之，刚性的权力主导及资源配置、产品生产方式和机制、观念系统及理论立场，全面制约着国家文学制度视阈中的史料及文学史的学术实践。

四、网络新媒体技术平台上的史料生态歧义与释义困难

文献学意义上的史料讨论,主要着眼的是一般学术专业规范及跨学科研究的方法论;国家文学制度视阈中的史料特征辨析,目的是有效揭示当代文学史料的特定政治语境限制及相关体制机制的规定性特征;互联网新媒体时代的文学史料认知,包括文学观念、文学生产方式及一系列概念和机制的认知,就意味着一种技术因素引发的人文观念及实践的重新关照、再度释义,甚或会是一种根本性的颠覆。追根溯源,当代文学史料问题的出现和自觉,并无互联网的明显动因,但时至今日,互联网的技术发展及整体文化语境会对当代文学史料问题的具体演变、走向及学术方式等,形成直接的深刻影响。由来已久、传统的人文及社会研究领域的历史经验,会因互联网技术而受到全面、巨大的冲击,并因此发生崭新的、转折性的改变。史料的实际生态及人文性释义也将因此巨变而遭遇或发生重大挑战与考验。

互联网新媒体技术与史料的关系,可以大致分成几个层面看。第一,从技术手段上看,互联网为史料的收集、利用及保存提供了极大的便利,史料工作相较纸媒时代,工作成效显著提升,史料保存力度的加大。第二,史料研究的深广度获得了史无前例的拓展,最显著的是集大成性的史料系统建设有了技术保障,这突出体现为各类数据库的建设、音视频的声画制作等。第三,互联网本身就是一种史料的原生地——互联网不仅是第一现场,也是历史现场。史料就在互联网络中生成,现场的时间和空间就在互联网世界展开。这尤其对各种当代领域(史料)的研究最具直接的影响力、针对性和有效性。这种互联网新媒体生态中的现场—历史的连续性,是纸媒所无法做到、不会发生、根本上也不具备的能力。互联网改变、新创了我们的世界观,时间和空间在互联网世界中既呈现出碎片化、无序性、弥散状,又实现了拼接化的聚拢、压缩性的混合、交互式的折叠。时空之变必然影响并改变史料的意义和价值——首先发生变化的就是史料的生产(形成)和意义的获得、价值的实现(方式)。

这便从技术层面而进入了对互联网文化、文明的更高价值层面的认知探讨。表面上看，史料指向历史，互联网面向未来。前者纯属实有，后者连带虚拟。实有的史料提供和开启了历史新世界的可能性，历史的想象由此获得了现实感，历史有了重释的机会，现实的来路显然会有所不同，而未来也将从重新溯源的历史中再度新创，新的历史逻辑往往就此成立。否则，史料研究将成徒劳的学术空转。这正是互联网所要达到的目标——劳动工具水平所体现和标志的生产力革命催生出未来的文明。历史唯物主义能够为此提供预期论证。这几乎也是对传统意义上的史料价值的一种理论和精神的肯定。史料活跃在互联网的历史回归线上，互联网则更像是在史料的历史—未来延伸线上。史料和互联网一样，改变的都是特定空间里的时间意义——事物现象的次序乃至因果和逻辑关系，或是重新联结不同的空间关系——史料能产生互联网的空间链接效果。虚拟现实的真实性，是互联网对于真实性的塑造功能，也是互联网对于现实—真实概念的一种创新贡献。历史和未来，实有和虚拟，因互联网语境而变得难以明确分辨。一方面是历史语境、历史研究实质上成为史料的互联网现象研究，这在纸媒时代往往未被明确发现或有效深入；另一方面，互联网复原、复活或回应了传统史料研究的时空意义，同时宣示了一种新的文明的现实性。

不过，互联网对于史料在内的学术研究产生的负面作用及后果亟须引起重视。迄今为止，关于史料的所有传统学术行为，都有一个不言自明的假设，也可以说有一个真实的学术前提，即史料本身具有真实性、确定性、有限性。史料工作（首先是在文献学范畴）就是尝试采用某种已知的相对可靠的方法去探索、确认可能的对象。材料基础、方法过程、具体结论都具有特定的规范和所指。这是一种建立在实证基础和方法观念上的人文学术。没有文献实证的学术规范也就不会有史料研究的成立意义和价值。当然也就谈不上学术、学科概念范畴的史料文献学。如果史料的真实性融入了虚拟性，确定性受到碎片化、多样化的改变，有限性被打破界限（跨界、跨域）的无限性所直接取代或覆盖，那么，史料研究的学术性将不复存在。然而，虚拟性、碎片化、无限性等，恰是互联网的本性，是其最本质、最鲜明的技术基因、表现特征和普遍结果。世界的真实性、真实的世界,须由虚拟性技术来参与、确认和界定。并且,虚拟世界因互联网而成为真实的现实、拥有了真实性的存在地位和意义。在媒介观念的认知上,作为新技术新文明媒介的互联网使得纸媒传统的真实性观念须被重新定义了。

这将直接导致对于史料的学术判断有可能成为可怕的冒险。我们会发现,首先是现象层面的史料不再稀缺,相反,很可能多至泛滥成灾。这使史料工作的学术成本完全不可预估,传统的学术方式显然不再可为或持续进行。以往受到高度评价的纸媒文献史料的穷尽式收集、整理和出版,相当范围内已无可能、也无必要了。广义上这也就是纸媒学术无法承受和应对的互联网虚拟世界之重、之累。而且与此同时,史料(包括其他对象、现象)之间的逻辑性也无从建立。诉诸和拓展共识认同的学术言说的可信度、可信性,恐怕就此丧失了建立的客观条件。

这种状况的挑战在当代文学批评上已经出现了。如网络文学批评包括其中的长篇小说批评,单部作品的体量规模、全部作品的巨量数据,① 已经使得纸媒时代的文学批评方式不再有应对能力。网络文学

---

① 根据中国音像与数字出版协会的《2017 中国网络文学发展报告》,截至 2017 年底已完结的网络文学作品平均篇幅在 1—10 万字的占比为 7.5%,10 万字—30 万字的占比为 23.8%,30 万字—50 万字的占比为 26.8%,50 万字—80 万字的占比为 23.7%,80 万字—100 万字的占比为 7.7%,大于 100 万字的占比为 10.5%,其中 30 万字以上网络文学长篇作品占比 68.7%以上。根据同一机构发布的《2018 中国网络文学发展报告》,截至 2018 年底已完结的网络文学作品,10 万字以内的占比为 29.6%,10 万字—30 万字的占比为 16.1%,30 万字—50 万字的占比为 9.3%,50 万字—80 万字的占比为 12.8%,80 万字—100 万字的占比为 9.7%,100 万字—200 万字的占比为 12.7%,200 万字以上的占比为 9.9%,其中 30 万字以上的网络文学长篇作品占比 54.4%以上,200 万字以上作品占比近 10%。

的生产能力已经完全抛弃了以往的文学批评方式的有效性。① 这意味着（网络）文学批评的方法必须有一种颠覆性的改变或新创。这种改变或新创的背后将是文学观念的根本性变化。宏观面上更多体现的是因互联网而发生的文学生态的整体性、结构性变化，文学史视野中预示的则是文学流变的转型特点。文学的生产关系必须开始一种文学史意义上的重建。这个过程将伴随，或直接构成传统经典文学的价值观与网络文学价值观的博弈。

作为一种显性的过程和结果，这会直接影响甚至决定当代文学史、首先是当代文学史料的生成方式。网络文学的诞生，预示、宣告了以古典和经典为核心价值依据的传统文学史观念和模式及所代表、象征的文学权利逻辑开始趋于终结，但未来的文学史展开方式及其价值定位和判断也并未确定。博弈的动态平衡、相对稳定的文学生态还在建构过程中，终局远未形成。何以故？这是一场因技术革命而产生的文学价值和权利的转移。文学资源、技术平台、生产机制等关联性、系统性元素和环节仍在不断开拓及完善中。文学价值内涵及其外延形式仍需时间以达到相对成熟的明晰性和稳定性。② 当代文学史料注定难以摆脱"妾身未明"的模糊定位，身份和价值的歧义现象都是必然的问题。

其次，特别是在消极面上，有些原先极为重要的文学史料渐渐或已经丧失了传统的价值地位，比如文学版本在纸媒文献史料层面往往

---

① 截至2017年底，各类网络文学作品累计达1647万部（种），签约作品132.7万部。（中国音像与数字出版协会：《2017中国网络文学发展报告》，2018年9月14日）。截至2018年底，各类网络文学作品累计达2442万部，较2017年新增795万部，同比增长48.3%。数据统计显示，2018年网络文学作品平均篇幅为65.8万字。（中国音像与数字出版协会：《2018中国网络文学发展报告》，2019年8月9日）。另参见何弘、肖惊鸿、欧阳友权、夏烈等：《2019年度网络文学发展报告》（中国作家网，2020年2月20日，http://www.chinawriter.com.cn/n1/2020/0220/c404027-31595926.html），中国作家协会网络文学中心：《2019中国网络文学蓝皮书》（中国作家网，2020年6月19日，http://www.chinawriter.com.cn/n1/2020/0619/c404023-31752579.html）等。

② 参见拙作《新媒体语境与"文学史的终结"》，《文艺研究》2016年第6期。

当代文学的转型与新创

具有决定性作用,但在网络文学生产链中,版本成为一个模糊、暧昧的不确定存在——关键是版本研究的学术基础、它的客观性存在方式形同消失(纸媒价值的文学版本在网络语境中并不存在,则网络版本的研究意义随之消失;或者说网络版本的研究成本不再可能承受,成本投入完全失去了收益价值)。这会从根本上改变文学史料的价值判断。好比淘宝、拼多多淘汰了无数实体店,这是技术范式跨域跨界产生的意外颠覆和取代现象,已成为互联网时代的常态。颠覆性技术、跨领域的技术革命产生了越来越强大和不可阻挡的生态、业态的整体重建功能。本文论题得到的启示是:网络技术及网络文学语境必将重新确认、估价和定位文学史料的实际身份、价值和地位。网络新媒体技术平台上的史料生态及价值歧义,带来史料人文性释义的困难,以及对于探索和寻求新的释义方法的必要性与迫切性的警醒呼吁。

还有最核心的文学价值观问题——网络文学时代的文学价值标准何以建立?前提问题是:网络时代的文学何以存在,亦即网络时代文学的存在方式及其宏观生态是怎样的?网络时代的文学(包括网络文学)价值判断直接关系到当下及未来的文学史内涵建构、书写方式和具体阐述。文学媒介的不同,改变的不仅是文学的形态和生态,改变的实质是文学的审美经验、审美规律、审美价值的主体和社会性的认知与判断。这是真正意义上的文学史转型。① 此时此刻也许正处在一个时间—历史的节点上:我们正在失去对于当代文学史料的认知和把握能力,但同时我们正在获得一种新的认知和把握方法。颠覆性技术也催生出了(学术)生产力的突破性发展。目前来看,大数据的应用也许是互联网时代人文学术创新发展的一种主要技术路径。

对于大数据和互联网关系的常识认知是,互联网提供了大数据生产的资源基础和可能,大数据则为互联网提供更为强大的技术支持和

---

① 笔者对网络文学特点的主要认知是,凭借互联网平台及其技术(产品)支持而形成的文学作品形态及广义生态。可以将此看作笔者对网络文学的一种基本定义,突出的是新媒体技术对文学形态和生态的影响与决定——技术成为文学(史)主因。参见拙作《新时期文学到新世纪文学的流变与转型》,《小说评论》2019年第1期;《文学的世纪之交与"80后"的诞生》,《小说评论》2019年第2、3期连载。

应用领域。① 事实上，大数据近年在人文社科领域开辟和形成了越来越多的新的研究、发展方向，不只是特定专业为主的跨学科或交叉学科概念而已。② 从体力、脑力到人文精神活动，大数据技术全面"入侵"和"占领"了传统的人力和精神所主宰的领域。所谓"推送改变世界"——支持"推送"的就是大数据处理技术。这意味着我们的精神和心理活动已经被大数据所洞悉和掌控。这是纸媒完全不可能做到的。从积极方面看，大数据能够收集、分析、辨识、筛选、归纳、确定所有行为数据的数量意义和内容意义，进而得出基本的方向性结论。这就有了学术研究、学术生产的作用和价值。大数据能够有效处理人文数据信息，并形成定量定性的实用模式。在部分社科人文跨界领域如传播学，已经兴起了数字传播、大数据传播研究。其他如计算社会学、量化历史、数字考古等，也呈方兴未艾之势。尤为重要的是，大数据同时也在生产、创造、创新知识，并表现出了方法论意义上全面更新、改变人文社科传统学术范式的能力。大数据与人文社科的结合融通，会成为"新文科"发展的前沿标志。③

在基础人文学科领域，目前的大数据运用可能主要在传统的历史

---

① 综合百度百科上有关"大数据"的资料和其他资料，最早提出大数据概念并加以阐释的权威说法并不一致，多数观点认为维克托·迈尔-舍恩伯格、肯尼斯·库克耶编写的《大数据时代：生活、工作与思维的大变革》（周涛译，浙江人民出版社2013年版）中有系统性论述。2015年国务院印发了《促进大数据发展行动纲要》。一般的理解是，作为信息资产的大数据（Big Bata）通过新的处理模式能够形成更强的决策力，并具有流程优化能力等。2013年后，IBM（国际商业机器公司）提出、完备了大数据的"5V"特点：Volume（数据量大）、Velocity（数据增长及处理速度快）、Variety（数据种类和来源多样化）、Value（数据价值密度低，即价值相对较高）、Veracity（数据准确性高）。"大数据技术的战略意义不在于掌握庞大的数据信息，而在于对这些含有意义的数据进行专业化处理。"关键在于"提高对数据的加工能力，通过加工实现数据的增值"。

② 也许很有必要借鉴融媒体、全媒体的概念及（文化生产）实践，重新认识、定义，甚至提出带有"新造"意味的概念——融学科，或全学科。这只有在互联网环境中的大数据技术支持下才有可行性。

③ 笔者所见的最新的相关文章，是记者王峰、刘名再为中国社会科学院大学在2020年7月22日举办的"计算与人文社科融合创新高端论坛"所写的报道，2020年7月23日发表于《21世纪经济报道》。文章披露、简述了多位学者关于计算与人文社科融合的最新思考和观点。

当代文学的转型与新创

资源整理的手段层面，如一些数据库的建设等，当代人文、基础人文的研究拓展有待全面展开。也许，当代史料领域会是一个最能擅长发挥大数据能力和用途的方向。对于史料文献研究而言，有限的样本数据只能处理纸媒史料文献问题，对互联网现象包括各种材料史料而言，有限的纸媒样本数据的方式已经丧失了证据逻辑意义。大数据分析方法几乎是唯一能将互联网碎片化资料进行逻辑处理的可行、可靠和有效的方法。在广义认知上，存在、生长和发展、演变于互联网时代语境的包括网络文学在内的当代文学，正在构成文学史的漫长形态，持续不断地形塑着未来的文学史。历史始于当代，史料系于当代，史料存乎互联网。目前，通常意义上、主要进行中的史料研究，大多还局限于纸媒史料，或采用了互联网新媒体手段进行了纸媒文学层面的研究。对于互联网文学史料的处理，纸媒传统学术力有不逮。

当然，不可讳言大数据的有限性。它的擅长也许正与弊端相关。大数据抓取了海量数据，形成宏观生态和趋向的判断，可以兼有定性和定量的充分把握，在历史的趋势判断上拥有不可企及的洞察力、判断力和决策力。不过，目前来看，细节和个体的遗漏将是大数据不可克服的障碍，大数据的成功和有效会以相当程度的细节和个体的牺牲为代价。显然，这对于史料研究的实际影响非常巨大，甚至走向负面。如何处理当代人文史料，大数据的长袖善舞与其捉襟见肘，可谓同样明显。近来已经受到相当关注的"远读"批评理论和方法，大概就是数据人文研究前沿的一个典型案例。①

一旦告别了传统的纸媒文献研究的常规方法，研究主体的构成也将发生重大的结构性改变。由于大数据需要相应的平台系统支持，传

---

① 网络新媒介技术在与传统观念和范式产生抵触与冲突的同时，也会暴露出自身的问题和弱处，包括大数据技术在运用中的有限性。据介绍，2013年《远读》(*Distant Reading*，作者 Franco Moretti) 一书出版，虽然迄今并无中译本，但在中文学界已有一定影响，成为国内数字人文学界关注的话题。简言之，该书提出并阐释了借助大数据技术进行文学研究的观点和方法，"通过聚合和分析大量数据来理解文学，而不是细读特定的文本"。有评论认为这是一种牺牲细节信息、获取宏观观察视野的方法。(向帆、何依朗：《"远读"的原意：基于〈远读〉的引文和原文的观察》，《图书馆论坛》2018年第11期；此据为"向帆"公众号原创，于2018年11月15日发布。)

统人文有限的乃至个体性的研究行为模式必将不再适应或胜任大数据的生产链，大数据处理的时间成本和集合性、复合化的数据生态系统，决定其必须采用全新的数据处理模式。否则互联网时代的文学史料研究将是一项不可能完成的工作。学术人力资源、财物资源的组织和配置成为一个新问题。我们的学术生产形态将发生全面的结构性改变。这一切都源于我们不仅要面对狭义的历史——过去的纸媒文学史，而且我们正在面对现实和未来的广义的互联网时代的文学史——后者正以只有大数据方式处理的海量碎片呈现为新的历史原生形态。我们必须建立并形成大数据文学研究的基本观念和实践范式。

因此，史料文献学（专业学术规范）、国家文学制度刚性（实践规范）如何顺应互联网新媒体和大数据技术——即网络学术范式探索、范式转型与新创的现状，还有我们的高校研究机构、学术体制的组织机制所面临的挑战，都是当下亟待正视和应对、解决的问题。① 有限的当代文学史料专业探讨，在多维视野的考察中，揭示出的是普遍性的重大问题。

---

① 2020年7月29日召开的全国研究生教育会议传达了习近平总书记的指示，其中强调"深入推进学科专业调整"，这将成为中国高等教育发展的一个主要趋势。新华社、《人民日报》、中央电视台等媒体在当日均有相关报道。

新中国文学"新人"创造的文学史期待[①]

引 言

"新人、新主题与现实题材创作"是第四届中国文学博鳌论坛提出的主题之一。从文学史和当下文学的发展来看,"新人、新主题与现实题材创作"确实不仅是中国当代文学史/新中国文学 70 年来的主题,也是当代文学持续面临的问题和挑战——不同的文学史阶段,都在不间断地以各种方式、因各种情况而提出或出现了这一问题和挑战。从"五四"新文学到新世纪新时代文学的整个现当代文学,"新人"的问题不仅一直存在着,而且还是一种现象性、问题性的突出存在。因此,不妨说中国当代文学在这方面的历史积淀十分厚重,自身实践经验非常丰富,批评理论建树也相当充分,我们有足够的准备或理由认识到这个主题、问题和挑战在当下的重要性乃至必要性。以下主要围绕文学"新人"的基本含义及其所标志的文学史挑战性、新创性意义,兼及文学现实性的创作问题,献芹求教。

---

① 2019 年 12 月 9—12 日,中国作家协会召开第四届中国文学博鳌论坛,笔者被分配为议题之一的"新人、新主题与现实题材创作"发言。发言记录整理后,部分发表在《文学报》2020 年 1 月 2 日。意犹未尽,再经考虑修订扩展成文,本文包括了《文学报》所刊的发言稿内容,篇幅则较之增加了一倍多。同时为明了周全计,还增加了必要的注释。

中国文学"新人"的时代"三性":
政治性、创新性、世界性

一般所谓文学"新人",顾名思义,指此前作品(文学史)中没有出现过的文学人物形象。也就是需要当下创造的新的文学人物形象。宽泛地说,这兼具文学史、文学批评和创作实践多重期待。但仅是这种界定,显然与当下提出"新人"的动机、认知及理解有着十分明显的距离,缺乏理论针对性,即需要进一步对此概念进行一定的特殊性、阐释性的指认,否则有关这个议题的讨论会因歧义纷纭而走向混乱。

如果具体追问中国当代文学"新人"的所指,立即就会联想到"典型环境中的典型人物"一说。这在新中国文学理论领域中曾经是诸种最权威的说法之一,尤其是在有关人物形象创造和多次关于现实主义问题的讨论中。也许这与该说拥有经典理论依据的强大出处直接有关,[①] 而且在阐释效用上,至今沿用该说实际上也并非完全不当。结合具体文学作品、文学人物,比如现在要说鲁迅的阿Q是一个"典型环境中的典型人物",也依旧成立。从理论上说,我们一般将所谓思想与艺术的创造能够完美结合的文学人物褒为"典型环境中的典型人物",并视之为现实主义文学的圭臬。对文学人物创造进行高度评价,实际上是对作家作品的一种整体性的正面评价,其中的"典型人物"是否体现或代表了值得肯定的正面价值观(典型人物是否属于正面形象)则并不重要——作家作品的创作立场和作品整体倾向才是最重要的(评判依据)。我们肯定的是鲁迅的创作(立场),而非阿Q

---

① 一般认为该说源自1888年4月恩格斯写给哈克奈斯的信。信中写道:"据我看来,现实主义的意思是,除细节的真实外,还要真实地再现典型环境中的典型人物。"玛格丽特·哈克奈斯是英国女作家,恩格斯的信主要是评论哈克奈斯的小说《城市姑娘》。此前的1885年11月,恩格斯在写给敏·考茨基的信中已说过:"每个人都是典型,但同时又是一定的单个人,正如老黑格尔所说的,是一个'这个',而且应当是如此。"

这个典型人物的价值观。而类似保尔·柯察金这样的苏维埃英雄人物，则是我们一度推崇的堪称最高级"新人"典型，几乎可视为完美意义上的"典型环境中的典型人物"，连同其作者和作品都是要一概褒扬的。

　　对于文学（人物）形象的创造，还有其他的一些提法或理论，倒不一定是严格意义上的概念使用，更多时候会是泛泛而论地说创造出了某种新的文学（人物）形象之类，这也就是在用一种相对宽泛的方式对所论对象进行主要倾向于肯定的文学评价。因此同样不一定要去深究。相对于"典型环境中的典型人物"，一般所谓新的文学（人物）形象，主要指那些体现出某种新质、新特点的人物形象，对它们的评价往往依赖于其与文学史人物创造的相对性特点的比较，强调的是艺术创造的独特性和新颖性，是对较为成功的艺术个性的褒扬。同样是针对文学史人物而言，同样不一定代表进步或正面价值观，这种评价肯定和表彰的是某种/些新的人物特质经作家作品的艺术表现而使该人物（形象）成为文学史上的首创或新创。虽然在整体评价程度上相对弱于"典型环境中的典型人物"之说。

　　至于中外文学史上有关人物创造、人物特点的专门概念和理论，我们所接触过的比较熟悉的说法实在也不少。比如：俄罗斯文学中的

"多余人""小人物",还有就叫作"新人"① 的,欧洲文学作品中还有"吝啬鬼"② 形象,理论中有著名的圆形人物、扁平人物等;③ 美

---

① "多余人"是19世纪俄罗斯文学中描绘贵族知识分子的一种典型形象。他们崇尚理想,却疏离民众;不满现实,却少有行动;他们是"思想上的巨人,行动上的矮子",无力作为的苦闷忧郁的社会多余人。这类人物形象最早见于普希金《叶甫盖尼·奥涅金》中的"奥涅金",在屠格涅夫1850年小说《多余人日记》发表后,这一名称流行于世。包括赫尔岑《谁之罪》中的别尔托夫,莱蒙托夫《当代英雄》中的毕巧林,屠格涅夫《罗亭》中的罗亭,冈察洛夫《奥勃洛摩夫》中的奥勃洛摩夫等,都是"多余人"的最著名典型。

"小人物"一般是指19世纪俄罗斯小说中出身于社会底层的低级小官员、小职员的形象。这类形象多是饱受侮辱的下级官吏和底层民众,既没有高尚的生活目标,且贫贱、低俗、卑微;还有的是空虚、无聊的小市民。作家对这类人物可悲命运的描写,表现了社会实况,隐含现实批判性。1830年,普希金以伊凡·彼得罗维奇·别尔金为笔名推出了《别尔金》小说集,其中影响最大的是短篇小说《驿站长》,这是第一部描写"小人物"命运的小说,首开俄罗斯文学描写"小人物"的先河。其后如果戈理的《彼得堡故事》,包括《狂人日记》《外套》等,陀思妥耶夫斯基的《穷人》等,契诃夫的《套中人》等,延续、光大了这一文学脉流,使其在世界文学史上影响显著。

"新人"是指19世纪俄罗斯文学中的一类特定人物形象系列,主要作品包括《罗亭》《前夜》《父与子》《怎么办?》等。其中的"新人"特指十二月党人之后拥有社会进步理想追求、体现时代创新抱负、具有民主主义思想倾向的年轻平民知识分子形象。他们自觉担当历史使命,执着并献身于推动社会发展的革命改造和文明进步的事业。"新人"形象有罗亭(屠格涅夫小说《罗亭》中的人物)、伊莲娜和英沙罗夫(屠格涅夫小说《前夜》中的人物)、巴扎罗夫(屠格涅夫小说《父与子》中的人物),薇拉、罗普霍夫、吉尔沙诺夫和拉赫美托夫(车尔尼雪夫斯基小说《怎么办?》中的人物,该小说副标题即为"新人的故事")等。

② 欧洲文学中的"吝啬鬼"形象主要是指表现吝啬、贪婪的无耻行为达到极致而令人难以想象的一类人物。这类人物泯灭、丧失了理智、良心、人性,一味疯狂地追逐、攫取金钱和利益,并在这过程中将愚昧、下流、卑劣的内心黑暗表现得淋漓尽致。如最著名的四大"吝啬鬼"形象,即莎士比亚《威尼斯商人》中的夏洛克,莫里哀《吝啬鬼》中的阿巴贡,巴尔扎克《欧也妮·葛朗台》中的葛朗台,果戈理《死魂灵》中的波留希金。

③ 圆形人物、扁平(扁形)人物的概念出自英国作家 E. M. 福斯特(Edward Morgan Forster,1879—1970)的文学评论著作《小说面面观》(*Aspects of the Novel*),他说"可以把人物分成两类:扁形人物和圆形人物",认为"一部内容复杂的小说,往往既需要圆形人物,也需要扁形人物"。他在书中以此分析、评论了大量欧洲作家作品。

当代文学的转型与新创

国文学中的"垮掉的一代""迷惘的一代"①,既指特定作家及群体,也指其作品人物,诸如此类。中国古代文学中有关专门类型的人物概念看似较少,理论概括不多,实则更具普遍性——中国文史传统中的史传文类极为发达,即便从后世眼光来看,现代文学意义上的文学人物创造在较早期就已非常成熟,人物创造艺术堪称登峰造极。"五四"新文学以后,国内引入西方理论方式,文学人物的理论命名逐渐流行,比如"狂人"形象的启蒙人物(最著名者即鲁迅的白话小说开山之作《狂人日记》中的主人公),当代文学中有过"中间人物"、(革命)英雄人物、工农兵形象等,② 连同后来提出的"三突出"理论,其实都是关于文艺人物创造的类型化政治原则,按理论联系实际、理论指导实际的说法,也有其技术上的考虑理由。要而言之,这些概念和理论命名各有其特定的界限、定义,如果按人物命名现象论文学,也可谓"文学就是人物学"了。

---

① "垮掉的一代"(垮掉派)是指"二战"后活跃于美国的"激进又颓废"的年轻诗人和小说家团体。一般认为最早由作家杰克·克鲁亚克在1948年前后提出。"垮掉的一代"蔑视现行秩序,反对陈规,厌恶机器文明,热衷新颖刺激,主张自由不羁,肆意放纵乃至吸毒纵欲,姿态和目的其实都在挑战传统价值观。也可以视其为文学形态的青年亚文化现象。最著名的代表作家作品是杰克·克鲁亚克的小说《在路上》、艾伦·金斯堡的诗作《嚎叫》等。

"迷惘的一代"一般是指两次世界大战期间在美国流行的一批作家群体,最早由斯坦因提出,海明威将之作为第一部长篇小说《太阳照常升起》的题词,从此成为一代作家的文学史标识。这一群体的共同倾向是繁荣与理想的幻灭导致其对美国现状感到失望和不满,更重要的是自身价值观的失落、与社会格格不入,使其陷入深刻无助的认同危机及迷惘状态中。对他们而言,最能显示自身存在的方式就是对于传统和现状的挑战与反叛,用叛逆的创新和实验来与现实作对,凸显个体的感性意志和价值感。在文学史上贡献尤其突出的著名作家有海明威、菲兹杰拉德、马尔科姆·考利等。

② 1962年8月,时任中国作家协会党组书记的文艺理论家邵荃麟在大连举行的农村题材短篇小说创作座谈会上,正式公开提出了"写中间人物"的文学创作主张。1964年该主张遭到全国性的猛烈批判。"文革"期间被列为"十七年"文学的"黑八论"之一。"中间人物论"的主要罪名是被指违背了塑造革命英雄人物的工农兵文艺方向。后者在1942年延安文艺座谈会(《在延安文艺座谈会上的讲话》发表)首次提出,直到第一次文代会正式确立为新中国文艺发展道路和现实主义创作原则。

当代文学史上提出塑造"新人"的主张由来已久，也并不少见。周扬在第一次文代会上就代表新的国家权力对于新中国文艺应该创造什么样的人物形象提出了明确的政治要求。在以毛泽东《在延安文艺座谈会上的讲话》为指引的新中国文艺发展方向道路上，"新的人民的文艺"范畴中的新的主题、新的人物（主要就是广大工农兵群众及其中的英雄模范人物）等就是新中国文艺创造的主要任务和现实要求。可以说这也成为狭义的现代和当代文学在"人物政治"上的分水岭。或者说，新中国成立伊始的"新人"创造或"人物政治"也是文学史流变、发展甚至转折的一种创作或理论标志。此后每次"新人"主张的提出和倡导，都源此贯穿现实性的动因和特殊性理由。当下提出"新人"概念及其创造主张当然也在相同的动机理解中，但是，区别于以前（包括广义的世界文学中的"新人"含义或范畴）的现实动机，显然是我们当下最为关切的内涵。

从中国当代文学史、新中国文学建设和发展经验上看，也就是从历史的逻辑、当下的需求两方面看，文学史、文学的当下关怀对于"新人"之说的提出或重提——包括新人、时代新人、社会主义新人、无产阶级新人等概念，是一个不断重复、不断重释、不断充实、不断发展和与时俱进而获得当下性内涵、当下性意义、当下性价值目标的观念。除了一般文学创新的理论意义外，"新人"概念在当下首先需要确定的价值内涵显然是其特定的时代属性——由"新人"本身的时代性和现实性所规定和赋予。"新人"之所以为新，一定是因为人物所具有的时代现实特性，否则，重提"新人"一说就会师出无名、无的放矢。那么，"新人"的时代性、现实性从何体现？哪几个维度可以确认当下"新人"的创造价值和意义呢？

从历史上的新人理论可以获得明确的启发，从文学的现实需要方面也可以得到直接的印证。"新人"首先必须是当代中国文化和精神价值观的人物形象体现，即"新人"的价值观内涵尤其是核心价值观，必须成为"新人"创造的主要支持力量或标志性体现，否则"新人"的时代性和现实性将失去当下中国的主流价值支撑，丧失意识形态的主导话语影响力，实际上也就无所谓"新人"，或无法称之为当下中国文学的"新人"。笔者将此视为、理解为"新人"创造的第一要义，即"新人"的意识形态性和价值观为"新人"内涵之首义。这也是文学政治性以"新人"倡导方式的再度激活。

申言之，即"新人"的意识形态性，"新人"的价值代表性，最为突出地代表了"新人文学"对于中国当代文学的建设性，而"中国新人文学"体现出中国文学对于世界文学的贡献性。也就是说，重提或讨论现今的中国文学"新人"，不能不首重三性：文学的政治性、文学的创新性、文学的世界性。所谓"新人"，是具有时代的现实性（乃至直观的感性）并体现新的发展或进步价值观、主流意识形态倾向的人物形象。从艺术创造上说，"新人"就是我们对于新的发展或进步价值观、主流意识形态倾向的一种人物形象期待及艺术投射，体现的是创作主体完成作品的主观意志及其情感和心理的诉求。关于"新人"的人物创造（技巧等）是因此才应运而生并为之服务的。"新人"不会是疏离现实价值倾向的一种架空的纯艺术的创造，"新人"主张显然是对于现实的、融会了经验内涵和理性思考的主观介入的产物。"新人"是有立场的，甚至是广义的政治性第一的形象体现。

所谓广义的政治性，不能狭隘地仅将其视为直接对应于现实功利目标的机械工具作用的政治性（手段），或者是支配于教条政治正确的先验、空泛的，实际抽象、无效的政治性。这两种政治性已经多次成为我们犯下历史错误的思想根源和社会意识土壤。前者会使文学窒息而死，后者则会放任文学的假、大、空。两者都会使文学异化为丧失公信道义乃至成为不道德的社会腐败、精神沦丧的象征。广义的政治性第一，是指一种对于人物创造的精神取向及价值观的基本性质的特定评价，而非先入之见的普遍标准，也并非能够对文学提出的第一位的创作要求——事实上，我们的文学和人物并非只能有"新人文学"这一种；文学的丰富性及其正当的合法的地位，并不能因"新人文学"而失去其自身的个性化、多样性价值。

从理论上看，所谓"新人"的广义政治性，其中的主观含义是在强调"新人"承载着为当下文学发展的时代特质提供普适性、主流地位价值观的思想责任和精神使命，同时，"新人"体现的是中国当代文学的创造性、创新性艺术活力，能够成为当代文学开创文学史新路、新取向的一种标志性形象，或者说"新人"作为一种能够体现时代正面价值的人物形象创造，开拓出当代文学创作的新路径、新方式、新可能。

举一个堪称典型的当代"文学新人"案例，如柳青笔下的"新农民"梁生宝。即便是从有所争议的程度上看，这个"新人"形象的创造案例也堪称成功，后来的历史和文学都可以成为"新人"梁生宝的强大支撑。就"文学新人"而言，"新人"本身当然并非是完美的，"新人"的创造艺术也并非是完美的，但不可否认的是，这一"新人"形象代表了人对自身价值实现方式的探索实践的完美性，代表了社会发展的理想实践和历史进步的完美性，代表了文学创造的精益求精的艺术追求的完美性。所以，"新人"体现的是一种能够激发开放、进步、创造性精神的建设性。也就是说，"新人"的政治性同时须以艺术创新为保证，甚至说，政治性依附于文学的创新性才是"文学新人"成立的必要依据和基础。正因为有其政治性，"新人"便获得了现实经验的充分印证和时代精神的灵魂灌注，即"文学新人"的政治性同时意味着文学的历史创新性。从创作机制上看，"新人"本身是首创，是新创，当然就是对文学的一种鼓励，而非束缚；是解放，而非压制；是一种敞开的可能，而非封闭的规范。"新人"之于文学，尤其是当代中国文学、新世纪文学，正呈现在无限的创新期待视野中。

关于时代新人的文学创作，体现的是一个时代的文学使命。这种使命促成、升华了关注现实的创作自觉意识。古人所谓"文章合为时而著，歌诗合为事而作"，标举和提倡的就是关注实际生活的现实题材写作精神。这与后来我们所说的现实主义文学原则基本一致，强调的都是对于写作动机、目标、功能和价值的文学要求。而且很显然，彰显正面的、社会正义的价值观就是其中的必然之义、主要之义。也就是说，文学关注的是人物和存在的社会公义性与现实复杂性，而其前提是关注感性的、具体的、个别的人物的遭遇和命运，是要从俗世的尘埃中建立起人性和社会公义的基本价值立场。正因如此，也可将"文学新人"创造的创新建设性理解为是涵盖了政治性的一个更为广大的概念：政治性是"新人"创造的思想基础和立场倾向，创新性是其形象整体和审美效果。前者与创作动机相关，主要是潜在隐性的；

后者是美学功能呈现,更多是外在显性的。所以,"文学新人"一定是具备政治内涵的、体现文学现实关怀取向的审美创新性时代形象。这也可以说是对现在再次提出"新人"一说的一种文学理论阐释。

在文学史的预期视野中,这种"新人"蕴含着当代中国以文学的方式为表征的意识形态和价值观,表达当代中国文学的艺术创造诉求,凝聚了当代中国文学的特定实践经验,而且融汇了当代中国文学的世界意识以及对于世界文学的自觉对话与交流。归根结底,这也是当代中国文学对于世界文学的一种自觉贡献——中国文学自觉为世界文学的有机构成。如果能在改革开放的政治背景中来评价"文学新人"的创造意义,也可以认为"新人"的出现是与中国的社会经济发展和国家文化崛起相伴生且同步的。"文学新人"是对改革开放的一种呼应和证明,是为世界文化、人类文明的创新和发展之路提供一种智慧贡献与价值选项。在此意义上,中国文学的"新人"倡导与当下中国的世界意识构成了一种高度同构、趋向一致的观念联结体,而不仅是在当代中国文学批评范畴的一个依赖技术阐释支持的限制性理论概念。

当代"新人"创造的文学史概观

在较长时段文学史(如"五四"新文学史)上,考察一般意义上的"文学新人"的意义,会发现"新人"诞生的历史脉络体现的就是文学史新创发展的阶段性标识。究其根源,则是"新人"的出现往往意味着现实的深刻变化与广泛影响、现实对于文学的制约与支配、文学对于现实的关注与摄取。所谓一时代有一时代之文学,也正含此意。比如,从阶级性、阶级意识"新人"文学的诞生,"新人"的阶级属性,或阶级论文学的自觉创造来看,无产者、劳动者的正面正义形象、社会价值体现的形象在文学史上的出现,并不始于左翼文学,或早期的左翼文学家,而是与新文学同步诞生的、中国文学内部自生的一种时代进步和历史意义的表现,早期著名的"新人"形象就是"人力车夫"。这一"新人"形象出现在了胡适、沈尹默、刘大白、刘半农、徐志摩等的诗中，汪敬熙、鲁迅、郁达夫、胡也频、老舍等的小说中。①其中的大部分作者并非无产者、具有阶级论意识的文学家。但是，由于"五四"新文学概念（如白话文学、俗语文学）及其思想价值传统（如庶民文学、社会文学、平民文学、人的文学）的内涵特殊性，使其自身具备了充分的文化权力自觉和历史意识形态自觉，突出或强调的是意识形态和历史的价值自觉创造。这就为"新人""人力车夫"的诞生提供了时代的动力资源配置及其历史合理性和道德合法性。在劳工神圣的国际性社会思潮中，潜伏着的是更久远的人道主义启蒙底色，表面激荡的则是对于资本主义和传统社会等级分层的一种激进批判，也许马克思主义和无产阶级理论并非其时大多数作家的自觉意识。但是，"人力车夫"以"文学新人"的形象创造，催生出了日后自觉的阶级论文学，并成为后者的文学史先驱。由此，在文学史上，"人力车夫"也获得、体现了历史视野中的一种特定的政治性光谱。它参与建构了左翼文学——无产阶级文学的谱系，开创了现代文学史的一脉，后续更成为文学史叙述的主流形象形态。相比之下，新中国文学传统及其"新人"谱系的开创与进展，更具有意识形态的政治自觉性和"制度顶层设计"②的刚性色彩。

在有关"新人"主题创作的当代文学史线索上，或许可将新中国文学分为如下三个（种）阶段。

一是与新中国同时起步、与时俱进的"新人"创造的新创、探索与发展阶段，主要指1940年代末、1950年代至1980年代前。新中国成立至社会主义建设早期的文学实践，逐渐为我们的当代文学、中国

---

① 早在1918年1月15日，《新青年》第4卷第1号刊发了胡适、沈尹默的新诗《人力车夫》。其后如鲁迅小说《一件小事》（1919）、郁达夫小说《薄奠》（1924）等，最著名的是老舍长篇小说《骆驼祥子》（1935），均出现人力车夫的人物形象。

② 笔者把新中国文学的制度设计名之为国家文学，关于这一概念的界定和认识，历年间有些变化。较早的见拙作《国家文学的想象和实践》（上海古籍出版社2007年版）中的单篇文章，最近的如拙作《文学·批评·制度——就"当代文学批评史"研究访谈吴俊教授》（《当代文坛》2018年第5期）和《登高临深，不可为而为之——关于中国当代文学批评史的研究及史著撰写答问》（《新文学评论》2019年第2期）等。

当代文学的转型与新创

文学建立起了具有制度规范意义的发展基础,特别在政治与文学的"原生结构"的功能发挥和实践方面,积累了极为丰富、多样的经验,同时也有反面的深刻教训。其中,为呼应社会变迁尤其是时代政治而不断提倡的"新人和新主题创作",成为这一时期最为显著的文学创作主流。如果说我们对不同时期的某些社会现象、思潮还有所保留甚至批评的话,在文学主题及潮流方面,大概率可以达到更为广泛的共识,很多作品的题材不同,但都可以纳入"新人和新主题"的范畴中,此中又以现实题材创作主题为最。这是新中国社会主义文学建立及实践的意识形态目标和文化建设重心的体现与追求,换用今天的话来说,也就是新中国社会主义文学的初心和使命。从整个当代文学史、新中国文学史来看,今天已经可以看得十分清楚了,虽然其间不乏曲折和困难,甚至失败,但制度设计的国家文学并不能、也没有因为曲折和困难而放弃承担文学的政治使命的责任。迄今我们耳熟能详的当代著名文学人物形象,很多是这一时期的创造。其中的核心人物形象就是我们在理论上反复阐述、在实践中一再提倡的"新人"。这是新中国文学建设保留、传承下来的最重要遗产之一,是新中国文学的制度建设、今天的国家文化自信在文学形象创造和文学创作基本面向的主要支撑,当然也是国家文学主要成就的体现。

二是回顾、反思与多样化、多元性发展阶段,主要指 1980 年代、1990 年代至新世纪早期。该阶段的宏观背景是国际国内政治巨变,中国新时期改革开放进一步深入发展,中国及中国文学走向世界、融入世界、贡献于世界的趋势成为主流,世界文学成为中国文学生产的动力机制。因此,"新人"创造出现了新动态、新形态,在对历史的回顾审视、理论反思与现实实践的时代主流氛围中,形成了多样化、多元性的"新人"创造特点。这一特点并非对此前历史及实践的全面反对或否定,而是在新的历史时期,经由新的世界认知经验、契合国家发展的时代需求,中国文学表现出了前所未有的心理成熟、文化自觉和创造激情。这一阶段始于重新打开了中国文学创作的世界之窗,整个过程全面拓宽了中国文学创造的广泛可能性,特别是将主流文学提倡的"新人创作"提升、推进到了史无前例的高度、深度和宽度,同时或先后出现的改革文学、寻根文学、先锋文学、新写实文学潮流等、交叉、互补,也同构性地成为一个时代几代作家共同参与、构成的文学景观。这就是当代中国文学、新中国文学繁荣发展达到历史新高度的一种文学生态明证。新时期文学创作所积蓄的力量和影响力,终于在新世纪产生了明显的成效,大量作品被译成各种外文进入世界文学,尤其是在传统西方文学社会及市场已渐成一种新常态的情况下,莫言获得诺贝尔文学奖象征性地代表了中国当代文学在观念和艺术上进入并获得了世界性的文学经验共同体和价值共同体的共享地位。新中国文学的这些显例都是文学史上的开创性纪录,对于世界文学而言,这也是中国文学"新人"的全面诞生,中国文学对于世界文学的创新贡献及影响力与话语权,由此获得广泛的认可和认同。但也因此,文学意识形态的博弈,在更大的世界范围内随之变得越来越复杂,甚至越来越尖锐化了。中国问题、中国议题完全与世界问题融为一体,反之亦然,世界问题、世界议题也将中国必然地卷入其中。从此,我们无法置身事外。而且很快就看到了,包括典型的传统左右两极的分化、对峙,也由此再度成为意识形态场域的激荡潮流,这在不同程度上造成、带来了有关中国当代文学、新中国文学评价的歧义甚至对立,其中当然也涉及对于"文学新人"的理论批评与历史实践的评价。仍以文学史显例来说,比如,对于"十七年"文学的评价,就在这一时期一改新时期的基本共识状态,渐渐变成了聚讼明显、充满了歧义的敏感论域。在近年的自媒体语境中,这更成为一种常态了——很多议题的讨论被放大到极端的,往往不是共识和理性,而是歧义和对立的程度及其感情色彩,甚至不乏非理性、反人性的语言暴力或政治攻讦。世纪之交的舆论方式变化,预示了如今往往走向失控的舆情现状——世界疫情引爆的舆情即可谓空前明证。

三是在具有无限开放可能的新媒体语境中重建文学主流价值观的阶段,主要指近十来年。这是一个因新媒体的技术支持而形成的自媒体—融媒体时代,传统的主流传播形态和方式趋于衰落甚至瓦解,世界已然呈现出了碎片化的分裂特征。简言之,新媒介改变了现有既定权利(包括文化权利、文学权利在内)的价值观地位的格局和配置。文学权利秩序的改变某种程度上使得我们的经典文学史传统也遭遇了存续疑问及现实合法性的挑战。这样来看,"新人"创作在当下既成

当代文学的转型与新创

为一个问题或挑战,同时也一定会是新的机遇——也许文学史的流变到了一个转捩点。这是个源于技术的问题,或者说这一现状问题的产生确实主要源于技术因素,关键又是媒介技术因素,但导致的结果首先也是个如何重建文学主流价值认同的问题,至少关涉到文学生态的重建及其合法性的问题——所谓网络文学的身份和地位即其中的核心问题。反之,则主要受限于传统的文学创作更像是在逃避现实的自说自话。权宜之计的随机应对固然能够显示智慧,却很难具有自觉的建设性意义并体现真实性的价值。当下的普遍状况无疑首先是凝聚共识的严重困难,同时还有种种不确定性的叠加影响,比如民族主义思潮对于社会心理及情感表达方式的巨大影响,经济生活规则的变化对于日常生活态度的直接传导作用,网络管理的制度、机制及技术规范的合理性问题,还有社会安全、食品安全、医疗保障、教育公平、住房问题等不时可能引发出的舆情乃至危机状态等,都是我们一夜醒来无可预料就降临在眼前的现实。可以想见重建文学主流价值观的努力和凝聚社会利害共识一样,显得无比困难。但越是这样也越加说明了重建文学主流价值观的现实必要性乃至紧迫性。利益的纷争和纠缠使得所有的文学问题、意识形态问题,所有的社会问题、经济问题,所有的技术问题、个别和局部问题,最终都将演化成不折不扣的政治问题。在自媒体的传播环境中,政治问题的发酵及其不可控性使得无人能够预料其结果。我们人人头上都悬着一把达摩克利斯之剑。最重要的甚至不是权力、事实和真相,而是定力、心理的稳定性,或者说是一种基于常识与经验的思考方式及基本价值判断。这或许也是应该将文化自信置于最基本地位的原因,因为这关乎社会层面的向心力、凝聚力和基本稳定性。极端而言,文学及其他审美情感形式历来就是重建社会信心、国家自信、民族精神信仰的最主要途径和方式。在此意义上,"新人文学"的创造就是把文学与社会心理建设、文学与时代政治建设贯通起来的一个重大议题。而在文学内部,这个议题又是对于当代文学生产的一种鞭策,在一极化的权力结构已呈颓势之后,它将有助于我们思考如何重建这个时代的文学地位——文学的特性、尊严和价值观。

只是有点疑惑的是,网络技术及其产品平台的发展仍在继续,文学和文化产品的形态及价值随之不断变动,特别是文学和文化生产机制也需要重大调整。如果说以前的纸媒时代意识形态博弈还算相对可控,网络时代的权力分化形成了多极权利的合法化,主流权力要对应、对抗的不仅是传统意义上的对手、敌人,还有各种现实合法利益诉求的社会单位、群体或个人。政治权力要获得社会主流的认可并非轻而易举,社会治理方式及效果在政治能力提升之前,或许经常会陷入窘境。那么,如何确认、创造我们这个时代的"新人"呢?特别是如何确认这个"新人"的合理性、可信度和有效性(价值实现)呢?这一文学挑战,象征的正是我们已经面临却一时还没有把握回答的现状问题。也许正是这一原因,有时我们还会看到种种冲突的场面竟是如此激烈,文学对于"新人"的探索应该也是为整个社会发展建设所做的努力。这本身就是个文学和社会的现实互动与和谐的问题。

网络新媒体与"现实中的新人"

"新人"的基础是历史,站位在现实,指向属未来。现实是其支撑点。作为一个概念,"现实"给我们的是一个接近于客观真实性的语义认知。但在文学中,现实的内涵却充满了鲜明的意识形态性、倾向性和特定的立场,甚至可以说,现实更像是一个政治概念——文学现实的主观性和不确定性的特点是与生俱来的。这就可以理解,在更加极端的网络新媒体语境中的文学现实——文学意义上的现实,不能不是一种几乎不可描述的对象或存在。现实的实在性、实体性正在消失,现实语义的似是而非令人琢磨不定。这在很大程度上使得传统的人物真实性逐渐消失,或者说人的具体感性的生活已经在文学中大幅度淡出,空留出一种虚幻的人格投影——人物的不真实性不是最重要的,人格内涵的填充多少会挽留一些现实的真实性遗迹。因此,"新人"创造除了其内涵的政治性以外,还遭遇了新媒体对于现实的改造和改写问题——在此意义上,"新人"创造其实就是新媒体文学或直接就是中国当代文学创造的普遍性问题。

最明显的是科幻的勃兴,这可以看作中国文学中所谓现实概念意义变化的一种折射。也可以说，中国"文学新人"的创作有了新的可能性。现实的广度和可能性，已经覆盖、包容了我们想象得到的现实的全部。二次元、外星球、异文明、多维世界，都已经成为真实的存在，我们全部的幻想已经成为我们的现实。以前纯纸媒的意识形态语境不时会有何谓生活的争议，[①] 一种说法是到处有生活，到处是生活；反之，则认为需要定义生活真实性的价值观，这就将生活认知问题转化为一种意识形态的政治立场。这与"文学新人"的价值定位直接关联。但是现在的语境变了，确切地说，是有关生活真实性的语境变了。虚拟生活已经成为现实，这使得生活本身更接近于文学意义——我们的生活场直接就是文学世界。本来这也符合我们对于文学及其真实性的理解，但是，经验世界的真实性已经消失了。那么，现实的传统客观性定义显然已经无法概括当今的现实含义或范畴。人物（包括"新人"）的真实性就成为一个问题———一个真实的文学问题。如何处理新媒体语境中的现实？传统文学理论恐怕并不能圆满回应当下的文学现实。技术领域引发的文学冲击构成了文学的新现实，这就是"媒介（性）的文学"的挑战。其中当然也隐含了媒介与人的关系问题。

1990年代开始，传统的文学研究受到文化批评潮流的影响，已经关注、重视到了文学的媒介性——从文学媒介进入研究文学，或研究文学的媒介特性问题。到了新媒体语境中，这就成为"媒介（性）的文学"问题。文学的媒介研究，前提是文学（内容）决定媒介（形式），后者不具有支配意义和地位；而"媒介（性）的文学"关注的是媒介对于文学（内容、形式）的决定性生产作用——媒介的条件或机制使文学发生了怎样的改变，媒介造就了怎样的文学？换言之，以媒介为中心的技术因素对于内容生产的影响、主宰已经在网络时代成

---

① 比如在胡风文艺思想批判运动中，就有过针对"到处有生活"观点的批评；稍后在批判人道主义、"文学是人学"等观点时，也有类似的批评。理论上的原因之一主要是这种观点有损于工农兵生活的正确价值地位，同时还须强调正确的领导权等。

为显著的现实。① 一般网文的写作主要是获得技术支撑、在主要技术条件下的创作活动。文学史上,新闻报纸催生出了报章体写作,副刊对于类型文学的阅读和市场成熟有着直接的生成机制作用,专栏作家和博客写作有点像,连载文学不就是今天网文大神的生产方式?如果说纸媒的条件限制统制了种种纸媒文学的形式和形态,网络的条件同样可以形成网络文学的形式和形态——这就是笔者所谓的"媒介(性)的文学"。与一般形式决定内容的经典形式主义观点不同,"媒介(性)的文学"着眼并强调的是技术要素(生产工具、生产机制)在创造新文化、新文明的过程中同时创造了新技术时代的新文学——不仅是新形态、新结构,还有新的审美内涵、新的审美经验、新的审美观或价值观。"新人"(文学)当然包含在其中。宏观地说,最低限度也应该是"人的文学"阐释必须获得新媒体时代的新内涵和新技术的支持。也许人物或"新人"的意识形态、价值观的辨识度,要比人与媒介的关系在新媒体语境中更易掌控,倒是后者令人不安,常常难措手足。

已有案例说明:AlphaGo 一代、二代开启也终结了人机围棋大战的意义,并对围棋运动及其市场产生了无可挽回的终局影响,标志人的智力高度的神秘乃至神圣性的围棋时代已经走向了落寞。这一惨痛的教训应该是,千万不要企图再和人工智能比试智慧和创造力,否则一定死得很惨。就此也不妨预言:人工智能也许就是毁灭文学的技术,或凶手——从少女小冰写诗到人工智能叙事文学的出现,最近几

---

① 近年笔者有多篇文章讨论相关问题,包括《新媒体语境与"文学史终结"》(《文艺研究》2016 年第 6 期)、《"新中国文学 70 年"的几个文学史问题》(《小说评论》2019 年第 5 期)、《不确定性中的文学批评之惑》(《小说评论》2019 年第 6 期)等。

年内应该就会实现。① 职业九段棋手和诺贝尔文学奖作家在人工智能、机器人面前是否都会相形见绌、无所措手？我们怎么办？

也就是说，现实正在发生结构性、整体性、根本性的改变。何为现实题材？这个源自纸媒时代的经院式问题在新媒体时代不能不成为一个新问题。新时代文学的实践将对此有所回应，提供答案。在此，"文学新人"倡导的根本性意义在更高层次呈现出来了：中国文学的创造和中国道路、中国经验对于人类世界的贡献一样，将为网络和人工智能时代的世界文学提供一种整体性的智慧产品，涵盖从意识形

---

① 据百度百科资料显示，阿尔法围棋（AlphaGo）是第一个击败人类职业围棋选手、第一个战胜人类围棋世界冠军的人工智能，由谷歌（Google）旗下公司开发。2016年3月，阿尔法围棋与围棋世界冠军、职业九段棋手李世石进行围棋人机大战，以4比1的总比分获胜。之后，该程序在中国棋类网站上以Master为注册账号，与中日韩数十位围棋高手进行快棋对决，连续60局无一败绩。2017年5月，阿尔法围棋在中国乌镇围棋峰会上，与排名世界第一的棋手柯洁对战，以3比0的总比分获胜。围棋界公认阿尔法围棋的棋力已经超过人类职业围棋顶尖水平。2017年5月27日，在柯洁与阿尔法围棋的人机大战之后，阿尔法围棋团队宣布阿尔法围棋将不再参加围棋比赛。2017年10月18日，最强版阿尔法围棋公布，代号AlphaGo Zero。阿尔法围棋象征着计算机技术已进入人工智能的新信息技术时代（新IT时代），其智慧接近人类，并具有自我学习能力。

小冰是由微软（亚洲）互联网工程院于2014年5月正式推出的融合了自然语言处理、计算机语音和计算机视觉等技术的人工智能底层框架，注重人工智能在拟合人类情商维度的发展，目前已成为全球规模最大的跨领域人工智能系统之一。其产品形态涵盖社交对话机器人、智能语音助理、人工智能内容创作和生产平台等，能够通过人工智能创造技术，学习人类创造能力，进行基于文本、语音和视觉的内容生成。在文学文本创作方面，其诗歌创作表现最为突出。2017年5月，微软与湛庐文化公司合作，授权出版了历史上第一部由人工智能创作的诗集《阳光失了玻璃窗》；同年8月，在中国台湾地区与时代文化公司合作，授权出版了该诗集的繁体中文版本；2019年，与中国青年出版总社合作并授权出版了第一部由人工智能与200位人类诗人联合创作的诗集《花是绿水的沉默》。此外，微软还在《青年文学》《华西都市报》等刊物发表《小冰的诗》。2017年5月至今，小冰已协助超过500万名诗歌爱好者创作诗歌，部分作品发表在各类文学刊物上。2019年1月6日，微软（亚洲）互联网工程院宣布与阅文集团合作，为国民级优质IP虚拟人物赋予可交互、可创作的"生命"。首批赋生IP包括《全职高手》原著叶修等五人，目前已率先在红袖读书App上线。2019年7月13日至8月12日，小冰在中央美术学院美术馆举办首个个展"或然世界"。个展上，小冰创造了7位虚构画家，他们的绘画有着不同时代、不同风格的特征。

态、价值观到技术生产手段的新文明的内涵。也可以说，始于传统意识形态思维的"新人"创造及其与现实的关系理论，最终将是超越于特定意识形态的、普惠于人类精神生活价值的一种文学路径实践及其具体贡献。这也是一种文学的"向死而生"或凤凰涅槃的文明再生过程。也许，今天中国文学的实践将为世界文学和人类命运共同体的构建做出特殊贡献。